우리 시대 현대시조 100인선　3

# 우야우성(雨夜偶成)

안 자 산

태학사

우리 시대 현대시조 100인선 3

## 우야우성(雨夜偶成)

초판 인쇄 2006년 7월 10일 • 초판 발행 2006년 7월 14일 • 지은이 안자산 • 펴낸이 지현구 • 펴낸곳 태학사 • 주소 경기도 파주시 교하읍 문발리 파주출판도시 498-8 • 전화 (031) 955-7580(代) • 팩스 (031) 955-0910 • e-mail thaehak4@chol.com • http://www.태학사.com • 등록 제406-2006-00008호

ISBN  89-5966-069-8   04810 • ISBN  89-7626-507-6  (세트)

ⓒ 안자산, 2006
값 6,000 원

☞ 저자와의 협의하에 인지를 생략합니다.
☞ 파본은 구입한 곳이나 본사에서 바꾸어 드립니다.

우리시대 현대시조 100인선

자택 정원에서 (50세 되던 해. 사진 왼쪽은 자작시)

『조선무사영웅전』 표지 (1919)

# 차례

## 시조시학(時調詩學)

서(序)     11

제1장(第一章) 총설(總說)     13

제2장(第二章) 본원(本源)     15
   제1절(第一節) 시조(時調)의 명의(名義)     15
     (1) 광의(廣義)     16
     (2) 협의(狹義)     17
   제2절(第二節) 시조시(時調詩)의 유래(由來)     19
   제3절(第三節) 기 곡조(其曲調)와 가치(價値)     24
     (1) 시조곡(詩調曲)     25
     (2) 가곡(歌曲)     25

제3장(第三章) 조직(組織)     27
   제1절(第一節) 체단(體段)의 정형(定型)     28
   제2절(第二節) 수운(數韻)     31

제3절(弟三節) 율조(律調)-(칠팔조(七八調))- 38

제4장(第四章) 시어(詩語)와 성조(聲調)　　　　44

제5장(第五章) 문장법(文章法)　　　　　　　　50
　제1절(第一節) 구(句)의 사자(詞姿)　　　　　51
　　(1) 직유법(直喩法)　　　　　　　　　　51
　　(2) 활유법(活喩法)　　　　　　　　　　52
　　(3) 풍유법(諷喩法)　　　　　　　　　　53
　　(4) 은유법(隱喩法)　　　　　　　　　　54
　　(5) 대조법(對照法)　　　　　　　　　　54
　　(6) 조응법(照應法)　　　　　　　　　　55
　　(7) 억양법(抑揚法)　　　　　　　　　　56
　　(8) 괄진법(括進法)　　　　　　　　　　57
　　(9) 열서법(列叙法)　　　　　　　　　　57
　　(10) 연쇄법(連鎖法)　　　　　　　　　 58
　　(11) 점층법(漸層法)　　　　　　　　　 59
　　(12) 생략법(省畧法)　　　　　　　　　 59
　　(13) 접이법(接離法)　　　　　　　　　 60
　　(14) 상실법(詳悉法)　　　　　　　　　 61
　　(15) 환서법(換序法)　　　　　　　　　 62
　　(16) 대우법(對偶法)　　　　　　　　　 62

(17) 의태법(擬態法) 63
　　(18) 반복법(反覆法) 63
　　(19) 문답법(問答法) 64
　　(20) 곡언법(曲言法) 65
　　(21) 반언법(反言法) 65
　　(22) 측사법(側寫法) 66
　　(23) 설의법(設疑法) 66
　　(24) 인용법(引用法) 67
　　(25) 중의법(重義法) 67
　　(26) 정화법(情化法) 68
　　(27) 과장법(誇張法) 69
　　(28) 미화법(美化法) 69
　　(29) 거열법(擧列法) 70
　　(30) 현사법(現寫法) 71
　　(31) 거우법(擧隅法) 72
　　(32) 영탄법(咏嘆法) 72
　　(33) 기경법(奇警法) 73
제2절(第二節) 운(韻) 74
　　(1) 두운(頭韻) 75
　　(2) 요운(腰韻) 76
　　(3) 말운(末韻) 77
제3절(第三節) 편(篇)의 사자(詞姿) 81

| | |
|---|---:|
| (1) 추서식(追叙式) | 81 |
| (2) 산서식(散叙式) | 82 |
| (3) 전제식(前題式) | 83 |
| (4) 후제식(後題式) | 83 |
| (5) 복제식(復題式) | 84 |
| 제4절(第四節) 문체(文體) | 86 |
| (1) 고문체(古文體) | 86 |
| (2) 유림체(由林體) | 87 |
| (3) 우유체(優柔體) | 89 |
| (4) 도통체(都統體) | 90 |
| (5) 포은체(圃隱體) | 91 |

제6장(第六章) 시조시(時調詩)의 종류(種類)　　93

제7장(第七章) 시가사(詩歌史)와 시조시(時調詩)　95

## 자산시선(自山詩選)

제1(第一) 감상(感想)     103
제2(第二) 람고(覽古)     107
제3(第三) 고가인(古歌引)     112
제4(第四) 풍물(風物)     123
제5(第五) 방언(放言)     128
제6(第六) 객려(客旅)     130
제7(第七) 술회(述懷)     133
제8(第八) 풍경(風景)     138
제9(第九) 연하(宴賀)     141
제10(第十) 증답(贈答)     144

**해설** 자산 안확의 삶과 시조에 대하여 · 김신중     147
안자산 연보     165

# 시조시학(時調詩學)

## 서(序)

 시조(時調)는 조선(朝鮮) 고유(固有)의 시(詩)다. 감정(感情)의 약동(躍動)은 빈부(貧富) 귀천(貴賤) 문야(文野)를 물론(勿論)하고 인생생활(人生生活)의 내용(內容)을 또이 형성(形成)하고 감정(感情)의 약동(躍動)은 그 생활환경(生活環境)을 따라서 영향(影響)되는 바가 크다. 특수(特殊)한 환경(環境)에서 특수(特殊)한 생활상(生活上) 감정(感情)이 예술적(藝術的)으로 표현(表現)되는 일방법(一方法)이 곧 시(詩)라고 할 것이다. 그러므로 지나(支那)에는 한시(漢詩)가 있고 영국에는 영시(英詩)가 있고 독일(獨逸)에는 독일시(獨逸詩)가 있는 것이다. 이와 꼭 같이 조선(朝鮮)에는 조선시(朝鮮詩)가 있으니 그것이 곧 시조(時調)다.

시조(時調)의 발달(發達)을 사적(史的)으로 개관(槪觀)하면 신라시대(新羅時代)의 향가(鄕歌)가 고려중엽이강(高麗中葉以降) 일전(一轉)하여 형식(形式)과 운율(韻律)을 구유(具有)한 시체(詩體)로 변(變)하여서 고려말경(高麗末頃)에는 성(盛)히 송영(誦咏)되었고 가사(歌詞)와 음율(音律)을 천시(賤視)한 이조(李朝)에서는 유학(儒學)의 여파(餘波)로 한시(漢詩)를 숭상(崇尙)하였으나 시조(時調)만은 상류계급(上流階級)사람들의 음영(吟詠)한 바 되어서 연금불절(延錦不絶) 오늘날까지 전(傳)하여왔다.

  그러나 이 시조(時調)를 시학적(詩學的)으로 연구(硏究)하여 기록(記錄)한 것은 이때까지 별(別)로히 가관(可觀)할 것이 없다. 자산안확씨(自山安廓氏)는 시조(時調)의 대가(大家)로 사세사계(斯世斯界)의 정통적(正統的) 왕좌(王座)를 점유(占有)하였는데 개연유지(慨然有志) 그 온오(蘊奧)를 경주(傾注)하여 이 시조시학(時調詩學) 일고(一藁)를 편저(編著)하였다. 그 내용(內容)을 일별(一瞥)하건대 과연(果然) 전인미답(前人未踏)의 신경지(新境地)를 개척(開拓)하여 시조시(時調詩)가 한가지 학문(學問)으로서 독립성(獨立性)을 부여(賦與)하는데 큰 공로(功勞)를 나타내었다. 청(請)하는 변언(弁言)을 감(敢)히 사양(辭讓)치 못하여서 무사(蕪辭)를 진(陳)하여둔다.

  기묘국월하한(己卯菊月下澣) 심당학인식(心堂學人識)

## 제1장(第一章) 총설(總說)

시조시학(時調詩學)은 조선(朝鮮) 특유(特有)인 시조시(時調詩)의 연구(研究)를 목적(目的)한 학문(學問)이라 시조시(時調詩)는 조선문단(朝鮮文壇)에서 자래(自來)로 크게 숭상(崇尙)하여온 시체(詩體)이며 또한 청각(聽覺)의 미(美)를 나타낸 성악(聲樂)에 있어도 시조시(時調詩)에 부처 있는 곡조(曲調)를 유별(有別)하게 치중(置重)하여 온 것이라 그것이 시(詩)로나 창가(唱歌)로나 일반민중(一般民衆)의 치성(致盛)한 예술품(藝術品)으로 되어 옴에는 그 이허(裏許)에 사상의 역사적(歷史的) 가치(價値)가 잠재(潛在)하여 있음은 물론(勿論)이요 기 형식(其形式)으로 말하여도 작자(作者)가 각기(各其) 천사(擅私)로 표출(表出)한 것이 아니라 서로 이모(移摹) 하던 전형(典型)이 있고 기(其) 전형(典型)은 또한 일시적(一時的)의 조작(造作)이 아니라 고래(古來) 다수인(多數人)의 세련(洗煉)을 치러 정제(精製)됨에 조차 기능(技能)과 재치(才致)를 다하여 된것이라. 고로 오인(吾人)이 그 문칙(文則)을 심오(尋悟)함에는 조선(朝鮮)의 공력(工力)이 낙인(烙印)되어 있는 정화(精華)의 의장(意匠)을 알기도 하려니와 시조시(時調詩) 기물(其物)의 가치(價値)를 평정(評定)하므로 부터 작법(作法)의 지침(指針)을 터득(攄得) 하기 능(能)할지라. 간단(簡單)히 말하면 본서(本書)

는 즉(卽) 시조시(時調詩)에 대하여 기(其) 법칙(法則)을 해득코자 하는 지적작용(知的作用)을 직접(直接)으로 움직여 보는 일로부터 성립(成立)한 것이다.

그런데 이전(伊前)사람도 이에 대한 연구(硏究)가 있어 작품(作品)의 정도(程度)를 논평(論評)하여 정리(整理)하고 해석(解釋)하고 또는 문헌적(文獻的)으로도 연구(硏究)함이 있었다. 그러나 그런 구체적 연구(具體的硏究)로써는 시조시(時調詩)의 표준적(標準的) 법칙(法則)을 알 수 없다. 그러므로써 오인(吾人)의 신 연구(新硏究)는 그런 구체적(具體的)의 작품(作品)을 대상(對象)으로 함이 아니오 널리 시조시(時調詩)라는 현상(現象)을 대상(對象)으로 하야 추상적(抽象的)으로써 그것을 각종(各種) 방면(方面)으로 관찰(觀察)하고 추론(推論)하여 그 현상(現象)의 상(上)에 존재(存在)한 법칙(法則)을 천명(闡明)코자 함이라. 그러나 과거인(過去人)의 구체연구(具體硏究)와 금일(今日) 오인(吾人)의 추상적 연구(抽象的硏究) 간(間)에는 전연(全然) 몰교섭(沒交涉)이 아니다. 피차(彼此) 밀접(密接)한 관계(關係)가 있다. 말하면 시조시(時調詩)라는 것이 개개(個個)의 작품(作品)을 내놓고는 존재(存在)할 수 없다. 고로 추상적 연구(抽象的硏究)의 법칙(法則)을 구(求)함에는 결국(結局) 개개(個個)의 작품(作品)에 대한 지식(智識)으로 귀납(歸納)치 아니키 불가(不可)하고 도리어 그의 투득(透得)한 법칙(法則)은 개개(個個)의 작품상(作品上)에 연역(演繹)하지 아니키 불가(不可)하다. 고로 이 추상적 연구(抽象的硏究)는 필요(必要)있는 한(限)에서 널리 개개(個個)의 작품(作品)의 나가 관찰(觀察)할 지오 그 연구(硏究)한 결과(結果)는 또한 반대(反對)로 개개(個個) 작품(作品)에 구체적 연구(具體的硏究)에 기초(基礎)를 두며 그것을 보조(補助)하고 지도(指導)하야써 내용(內容)을 충실(充實)케 할 것이니 이것이 시조시학(時調詩學)을 건설한 목적이다.

본서(本書)의 연구목적(硏究目的)은 이상(以上)에 말함과 같거니와 이 시조시학(時調詩學)의 조직(組織)에 있어는 조리적(條理的)으로 아니할 수 없으매 그 범위(範圍)를 널리 하야 유래(由來) 운율(韻律) 문장법(文章法) 또는 시가사(詩歌史)와의 관계(關係) 등 문제(問題)를 잡아 가지고 그의 특수성(特殊性)의 제 사항(諸事項)을 분시(分示)코자 한다.

## 제2장(第二章) 본원(本源)

### 제1절(第一節) 시조(時調)의 명의(名義)

시조시(時調詩)라 이름한 것은 재래(在來) 명사(名詞)인 시조이자(時調二字)에 시 일자(詩一字)를 가(加)한 것이라. 본래(本來) 시조(時調)라 한 것은 시조(時調) 문구(文句)와 기(其)문구(文句)에 짝한 곡조(曲調)를 합칭(合稱)한 명조(名調)이다. 고로 시조(時調)라 하면 문구(文句)인지 곡조(曲調)인지 분간(分揀)할 수 없으매 지금(只今) 그 문구(文句)를 논(論)함에 있어는 그의 혼동(混同)을 피(避)하고 또 다른 시체(詩體)와도 분별(分別)키 위(爲)하여 시(詩)일자(一字)를 첨가(添加)한 것이다. 시조(時調)의 일명(一名)은 혹단가(或短歌)라고도 하였으나 일반(一般)의 통용어(通用語)로는 시조이자(時調二字)가 본(本)이 되야 이것이 풍유(諷喩)의 투어(套語)까지로도 유행(流行)된 것이라 그 의미(意味)를 말하면 광의(廣義)와 협의(狹義)가 있다.

(1) 광의(廣義)

일반신출(一般新出)의 가사(歌詞)를 범칭(汎稱)하야 시조(時調)라 함이 있으니 신광수(申光洙)의 관서악부일절(關西樂府一節)에 「일반시조배장단(一般時調排長短)」이라 한 것이 그런 예투(例套)요 이학규문집(李學逵文集)에 「시조역명시절가(時調亦名時節歌)」라한 기주(記註)가 있으니 시조(時調)를 일방(一方)으로 시절가(時節歌)라 함은 시조(時調)의 본의(本意)를 명시(明示)키 위한 속명(俗名)인바 이로 인(因)하야 기(其) 의의(意義)가 인식(認識)되니 즉(卽) 시조(時調)의 의의(意義)는 구조(舊調)가 아니오 시체(詩體)로 나온 조자(調子)라 함을 가르킨 것이라. 기(基) 본의(本意)가 신조(新調)란 어(語)와도 상통성(相通性)이 있는바 이런 명토(名吐)가 즉(卽) 신출(新出)로 나온 것의 일반가조(一般歌調)에 대(對)하여 광의적(廣義的)으로 쓴 것이다. 이 본의(本意)로 한 문자(文字)는 한문숙어(漢文熟語)에도 또한 있으니 당인맹동야시(唐人孟東野詩)에「고여매시조(顧余昧時調) 거지다소용(擧止多疎慵)」이라한 시조(時調)와 동어(同語) 됨을 연상(聯想)할지오 동시(同時)에 고인(古人)이 그 숙어(熟語)를 적발(摘拔)하야 여기에 이용(利用)한 것이라 인정(認定)하기도 무난(無難)하다.

(2) 협의(狹義)

현대(現代)에 시조(時調)란 용어(用語)는 오직 시조시(時調詩)에 대(對)한 삼장식(三章式)의 곡조(曲調)를 이름이라 그러나 종종(種種) 가서(歌書)에 악시조(樂時調)란 것이 있고 또 우악시조(羽樂時調) 계악시조(界樂時調)란 것이 있는 동시(同時) 그의 하이자(下二字)를 약(畧)하야 우악(羽樂)이라 계악(界樂)이라 함도 있으니 이의 약칭(畧稱)을 보아서는 시조이자(時調二字)는 접미어(接尾語)로 된 형적(形跡)이 있는바 악시조삼자(樂時調三字)에서 분리(分離)한 것이라 할지니 즉(卽) 서양인(西洋人)을 양인(洋人)이라 기우제(祈雨祭)를 우제(雨祭)라 하는 약어(略語)처럼 악자(樂字)를 선약(先畧)하야 시조(時調)라 한 것이 분명(分明)하다. 본래(本來) 악시조(樂詩調)란 의미(意味)는 시절(時節)을 악(樂)한 다는 조(調)라 함인지 음악(音樂)으로 하는 시조(時調)라 함인지 그 뜻이 미상(未詳)하나 악학궤범(樂學軌範)에 써있는 악시조(樂詩調)는 속악(俗樂)의 사지율(四指律) 삼십이조(三十二調)를 통칭(通稱)한 명사(名詞)로써 그 광용상(廣用上) 음편(音便)을 취(取)하야 약칭(畧稱)으로 지어져 내려온 것인 듯 한다. 세종대왕시(世宗大王時) 일반음악(一般音樂)을 정리(整理)하든 박연(朴堧)의 가곡소조(歌曲疏條)에 (세종실록(世宗實錄))

단향악소용지율(但鄕樂所用之律) 칙악시(則樂始)(시(時))조(調) 호용림종중여이율지관(互用 林鍾仲呂二律之官) 중여관칙이지성야(仲呂官則二指聲也) 임종관칙삼지성야운운(林鍾官則 三指聲也云云)

한 것을 빙준(憑準)하면 악시조(樂詩調)란 말은 이조시대(李朝時代) 이전(以前)부터 사용(使用)되었던 것이니 시조(時調)를 악시조(樂時調)의 약칭(畧稱)으로 보는 것이 확실(確實)하다면 그 명사발생(名詞發生)은 고려시대(高麗時代)에 있던 것으로 알려진다. 만일(萬一) 시조(時調)를 시조곡(時調曲)에 한(限)한 명사(名詞)로서의 특별어(特別語)라 할진대 기(其)곡조(曲調)의 유래(由來)를 탐색(探索)하여야 될 것이나 이는 음악연구(音樂研究)의

직분(職分)에 양(讓)할 것 이어니와 이 역시(亦是) 고대(古代)로부터 전(傳)하는 한자숙어(漢字熟語)를 곡조(曲調)에 이용(利用)한 것이라고 추측(推測)하면 다른 의미(意味)의 해석(解釋)을 찾을 것이 없이 이상(以上)에 말한 대로 시조이자(時調二字)는 고려고시(高麗古時)부터 광의(廣義)로 써온 것이요 그것이 후일(後日)에 와서는 협의(狹義)로써 삼장식(三章式)의 시조곡(時調曲)에 한(限)하야 사용(使用)된 것이라 함에 귀착(歸着)될 것이다.

### 제2절(第二節) 시조시(時調詩)의 유래(由來)

인간(人間)은 감정(感情)과 상상(想像)을 예술적(藝術的)으로 표현(表現)하는 천성(天性)을 부유(賦有)한지라 고로 음악(音樂)과 시가(詩歌)는 대석(大昔) 문화(文化)의 개시(開始)하던 시절(時節)부터 발생(發生)한 것이니 사기(史記)에 천신(天神)에 제형(祭亨)하던 시각(時刻)과 농공(農功)이 결착(結着)되는 여가(餘暇)에 당(當)하야 가무음악(歌舞音樂)을 연주(演奏)하였다 함이 즉(卽) 그것이다.

그때의 예술(藝術)의 표현방법(表現方法)은 초야(初也)에 가악(歌樂)을 겸행(兼行)하다가 점차 문학(文學)의 진보(進步)에 따라 가(歌)가 음악(音樂)을 분리(分離)하여 나갈 새 그 가도(歌道)는 삼국시대(三國時代)에 당(當)하야 이미 발달(發達)을 수(遂)하니 기 시(其時)의 가체(歌

體)는 사구(四句), 육구(六句), 팔구(八句) 또는 십구(十句) 등의 단체(短體)와 그 십구 이상(十句以上)의 체재(體裁)인 장가(長歌)도 있었다. 기중(其中)의 단가체(短歌體)는 서정(抒情)을 중심(中心)삼아 가장 발달(發達)하다가 고려중엽(高麗中葉)에 내급(來及)하여서는 고래(古來) 각체(各體)가 쇠(衰)하여지고 신체(新體) 즉(卽) 시조체(時調體)로 집중(集中)되야 그것이 일반시(一般詩)의 표본(標本)이 되니 기(其) 창시(創始)의 원조(元祖)는 고증(考證)키 불능(不能)하나 이태종(李太宗)의 하여가(何如歌)와 정포은(鄭圃隱)의 단심가(丹心歌)와의 이수(二首)가 가장 현조품(顯祖品)으로 인식(認識)하여 온 것이다.

　**이태종(李太宗)의 하여가(何如歌)**
　이런들 어떠하리
　저런들 어떠하리
　성황당(城隍堂) 뒷담울이
　뭉거지다 어떠하리
　우리도 이같이 하여
　아니죽다 어떠리

　**정포은(鄭圃隱)의 단심가(丹心歌)**
　이몸이 죽어 죽어
　일백번(一百番) 고쳐죽어

백골(白骨)이 진토(塵土)되고

넋이야 있고없고

님향한 일편단심(一片丹心)야

가실줄이 있으랴


  우이수(右二首)는 이씨 혁명(李氏革命) 운동(運動)이 발발(勃發)할 때에 나온 것이라 즉(卽) 태종(太宗)이 포은(圃隱)을 청연(請讌)하야 혁명(革命)의 협찬(協贊)을 간구(干求)함으로써 가(歌)한 것이 그것이요 포은(圃隱)은 그 직석(直席)에 자기(自己) 결심(決心)을 토로(吐露)하여 불찬동(不贊同)의 답(答)으로써 노래한 것이 그것이라 고로 우이수(右二首)에 표현(表現)된 사상(思想)은 전반대(全反對)로 된 것이다. 태종(太宗)의 시(詩)는 풍유(諷諭)의 사(詞)로써 종순립명(從順立命)의 뜻이니 당시(當時)에 정도전(鄭道傳), 조준(趙俊), 변계량(卞季良) 등이 다 이 사상(思想)을 따라 효작(效作)하였다.


  **정도전(鄭道傳) 작(作)**

선인교(仙人橋) 나린물이

자하동(紫霞洞)에 흐르니

반천년(半天年) 그 왕업(王業)이

이 물소리 뿐이로다.

아희(兒嬉)야 고국흥망(古國興亡)을

무러무엇 하리요

변계량(卞季良) 작(作)
치천하(治天下) 오십년(五十年)에
부지(不知)왜라 천하사(天下事)를
억조(億兆) 창생(蒼生)이
재기(載己)를 원(願)하나다.
강구(康衢)에 문동요(聞童謠)하니
태평(太平)인가 하노라.

  포은(圃隱)의 시(詩)는 강직불굴(剛直不屈)의 사(詞)로서 견수(堅守)한 정조(情調)의 의(義)나 이 사상(思想)은 상고존의(尙古尊義)의 주의(主義)가 있으매 당시(當時) 충성(忠誠)에 동감(同感)이 있는 자(者)는 많이 이를 효작(效作)하니 원천석(元天錫), 이색(李穡), 길재(吉再) 등의 가조(歌調)가 그것이다.

이색(李穡) 작(作)
백설(白雪)이 자진골에
구름이 머흐레라
반가운 매화(梅花)는
어느곳에 피었는고
석양(夕陽)에 홀로 서있어

갈길몰라 하노라.

원천석(元天錫) 작(作)
눈맞아 휘어진대
그 뉘라서 굽다던고
굽은 절(節)이면
눈속에 푸를 소냐
아마도 세한고절(歲寒高節)은
대뿐인가 하노라.

   그러므로써 우이인(右二人)의 시(詩)는 당시(當時) 민중사상(民衆思想)에 양립(兩立)된 바의 대표(代表)로 된 것이라 할 것이다. 기후(其後)에 혁명업(革命業)이 성공(成功)하야는 유교(儒敎)의 존고정치(尊高政治)가 행(行)하매 문단(文壇)의 사상(思想)도 고명사(古名士)의 작품(作品)을 사모(思慕)하는 풍조(風潮)가 유행(流行)하였다. 그로부터 우이인(右二人)의 시(詩)는 시러금 후인(後人)의 효작(效作)하는 견양(見樣)이요 또 현조(顯祖)로 되어 온 것이다. 그런데 당시(當時)의 하여가(何如歌)와 단심가(丹心歌)를 부르든 곡조(曲調)도 있었을 지니 금일(今日) 시조곡(詩調曲)도 후일(後日)의 발생(發生)이 아니요 고려가법(高麗歌法)의 계통(系統)으로 알기 가(可)한 것이다.

## 제3절(第三節) 기 곡조(其曲調)와 가치(價値)

고대(古代) 악곡(樂曲)은 어떤 것을 물론(勿論)하고 모도가 가사(歌詞)를 반주(伴奏)함이 예투(例套)다. 그러므로 가사(歌詞)를 지음에도 서양(西洋)의 고대시(古代詩) 같이 반드시 악곡(樂曲)에 배부(配付)하였던 것이다. 시조(時調)도 역시(亦是) 그 문구(文句)에 짝한 곡조(曲調)가 있어 문(文)과 곡(曲)이 서로 작배(作配)하야 나려왔다. 지금(只今) 시(詩)를 문예품(文藝品)으로 볼 때는 그의 곡조(曲調)를 거론(擧論)할 필요(必要)가 없으나 문(文)과 곡조(曲調)와의 관계(關係)있음을 살필진대 그 곡조(曲調)를 도외시(度外視) 할 수 없다. 영국(英國)서정시(抒情詩)의 운율(韻律)이 그 고대(古代)의 음악선율(音樂旋律)에 의(依)하야 성립(成立)한 것처럼 시조(時調)의 문구(文句)도 가인(歌人)들이 그 곡조(曲調)에 선율(旋律)을 위하여 자수(字數)를 가감(加減)하는 수정작용(修正作用)이 있었으매 그로조차 문구(文句)는 스스로 운율(韻律)이 균재(均齋)됨에 이르러 규칙적(規則的)의 율조(律調)를 형성(形成)하였다. 또한 기 곡조(曲調)는 시간적(時間的)의 예술(藝術)이라. 그러므로 청각(聽覺)만으로는 시간(時間)을 천이(遷移) 하야 변화(變化)가 생길지나 그러나 그에 짝이진 문구(文句)가 있음으로써는 선율(旋律)의 전형(典型)이 그 문구(文句)에 의지(依持)하야 기(其) 생명(生命)

을 보존(保存)하여왔다. 다시 말하면 문(文)은 곡(曲)의 하차(荷車)가 되고 곡(曲)은 문(文)의 궤도(軌道)가 되야 상수상제(相隨相制)의 관계(關係)를 지어온 것이다. 그런데 그 곡조(曲調)는 2종(種)이 있으니 아래와 같다.

(1) 시조곡(詩調曲)

이는 민요적(民謠的)한 색채(色彩)를 띠는 것으로 기조자(其調者)가 가인(歌人)의 기호음(嗜好音)에 따라 서로 다른 점(點)이 있다. 그러나 박자(拍子)만은 규정(規定)된 통제(統制)가 있어 이로써 주체(主體)를 삼은 것이다. 그 보표(譜表)는 백수십년전(百數十年前)에 서유구씨(徐有榘氏)가 지은 임원경제지(林園經濟志)에 기술(記述)한 것이 있고 근일(近日)에는 가인자유(歌人者流)가 공력(功力)을 드려 양보(洋譜)로 역번(譯飜)한 것이 유행(流行)되여 있다. 그런데 서씨보(徐氏譜)는 오서(誤書)인지 율격(律格)에 합(合)치 아니한다. 양역보(讓譯譜)는 현행조(現行調)로 한 것이나 현행조(現行調)는 각인각색(各人各色)으로서 악률원칙(樂律原則)에 불합(不合)한 것이 많다.

(2) 가곡(歌曲)

이는 정과정(鄭瓜亭)의 계통(系統)으로 되엿스되 범성(梵聲)의 조자(調子)를 띄여 잇는 곡조(曲調)인데 기조직(其調織)은 징우이조(徵羽二調)로서 대강삼엽(大綱三葉)

으로 된 것이다. [내용(內容)은 농락편(弄樂篇) 등의 이십사투수(二十四套數)로 된 것]

가곡(歌曲)

징조(徵調)[평조(平調)]
초수대엽(初數大葉)
이수대엽(二數大葉)
삼수대엽(三數大葉)

우조(羽調)[계면조(界面調)]
초수대엽(初數大葉)
이수대엽(二數大葉)
삼수대엽(三數大葉)

기 선률(其旋律)의 내용은 복잡(複雜)함으로써 그 설명(說明)은 음악연구(音樂硏究)에 밀어붙이거니와 징우이조(徵羽二調)란 것은 조금 말할 필요(必要)가 있다. 조선음악(朝鮮音樂)의 본음계(本音階)는 양악(洋樂)으로 말하면 「띠」에서 계산(計算)하는 음정(音程)과 같은 칠음(七音)으로서 그 칠음(七音)을 가지고 징우이조(徵羽二調)를 계(計)하야 모든 악곡(樂曲)을 지은 규칙(規則)으로 되어왔다. 이것이 조선음악(朝鮮音樂)의 근본성질(根本

性質)이다. (조선명인전(朝鮮名人傳) 제이권(第二卷) 왕산악조(王山岳條) 참고(參考)) 이 근본음악(根本音樂)의 성질(性質)을 일반민중(一般民衆)에게 보지(保持)시켜온 것은 전연(全然) 시조시(時調詩)에 부대(附帶)한 일곡(一曲)의 가곡(歌曲)으로써 지켜온 것이니 고로 시조시(時調詩)의 가치(價値)는 음악상(音樂上)에 있어도 큰 관계(關係)가 있는 것이다.

## 제3장(第三章) 조직(組織)

시조시(時調詩)를 논구(論究)함에 나아가 주관적(主觀的)으로써 그의 원칙(原則)을 말할진대 제일(第一) 체재(體裁)의 조직(組織)이오 제이(第二) 운율(韻律)이라 그 체재(體裁)를 말하면 수십행(數十行) 또는 수백행(數百行)의 장형(長形)으로 된 것이 아니오 간단(簡單)한 형식(形式)으로 되었나니 그 간단(簡單)하게 된 이유(理由)는 시(詩)된 본성(本性)에 있는 것이다. 시(詩)라는 것은 기(其) 미적 표현(美的表現)이 타(他)의 산문(散文)에 비(比)하야 긴축(緊縮)하고 집중적(集中的)인 의식(意識)으로써 표현(表現)함을 필요(必要)로 한 문예(文藝)라 그러므로 그 표현형식(表現形式)이 스스로 긴축(緊縮)한 규율(規律)을 가진 것이 당연(當然)것이다. 시조시(時調詩)

의 체재(體裁)도 역시(亦是) 시(詩)임으로 간단(簡單)한 형식(形式)을 취(取)하야 된 것 인데 더욱 시조시(時調詩)는 서정(抒情)을 위주(爲主)하야 왔으매 그 감정은 장시간의 영속적(永續的)을 요(要)치 아니함에 의(依)하야 기(其) 내용(內容)을 묘사(描寫)한 문구(文句)도 역시(亦是) 단소(短小)하게 된 것 인데 그 간단(簡單)이라 하면 기(其) 정도(程度)가 얼마큼 간단(簡單)한지 이것을 알아볼 것이다. 또 시(詩)는 운율(韻律) 즉(卽) 리듬을 요소(要素)로 한 것 인데 그 운율(韻律)은 각종시(各種詩)에 따라 다르매 시조시(時調詩)의 운율(韻律)은 어떤 성질(性質)로 조직(組織)되었는가 함을 강심(講尋)할 것이다. 그러므로 본장(本章)에서는 이 체재(體裁)와 운율(韻律)의 조직(組織)을 논술(論述)코자 한다.

## 제1절(第一節) 체단(體段)의 정형(定型)

시조시(時調詩)의 구성(構成)된 체격(體格)은 인체(人體)의 외양구조(外樣構造)와 비등하여 일정(一定)한 전형(典型)이 있고 기(其) 전형(典型)내에 부분(部分)이 있다. 즉(卽) 일편(一篇)을 3단(段)으로 난오고 일단(一段)을 이행(二行)으로 난온바 전편(全篇)이 6행(行)으로 된것이니 기(其) 단락(段落)의 순서(順序)는 제(第) 1행(行)으로부터 2행(行)까지는 초장(初章), 제삼행(第三行)으로부터 사행

(四行)까지는 중장(中章), 제오행(第五行)으로부터 육행(六行)까지는 종장(終章)이라 한다.

    초장(初章)
    ①황(黃)하(河)수(水) 맑다더니
    ②대성(大聖)인(人)이 나시도다
    중장(中章)
    ③초야(草野)의 군현(群賢)들이
    ④모도이러 나단말가
    종장(終章)
    ⑤어즈버 청풍명월(淸風明月)을
    ⑥누굴주고 이거니

  이 삼장(三章)에 나아가 어사배열(語詞排列)이 어떻게 되느냐하면 제일단(第一段) 초장(初章)은 모두(冒頭)에 서언(序言)을 기(起)하고 제이단(第二段) 중장(中章)은 위의 서언(序言)을 이어 서설(敍說)하고 제삼단(第三段) 종장(終章)은 전문(全文)을 종결(終結)하는 것이니 고로 전편구성(全篇構成)의 요소(要素)는 기(其) 서결(叙結)의 질서(秩序)로 조직(組織)한바 수사상(修辭上) 단락(段落)이 매우 규칙적(規則的)이오 또 간명(簡明)하고 순정(純正)하게 된 것이다.
  서양시(西洋詩)의 체재(體裁)는 들이없어 이행(二行),

삼행(三行), 사행(四行), 육행(六行), 팔행(八行) 등이 있는 중(中)에 가장 다용(多用)하는 것은 사행(四行)이다. 고(古) 한시(漢詩)는 삼단육행(三段六行)으로 조직(組織)함이 예사(例事)니 시전소남(詩傳召南)의 갈담장(葛覃章) 국풍편(國風篇) 등이 있고 후세(後世)에는 4구(句) 8구(句) 등이 다용된다. 불교문학에도 삼분설(三分說)이 있다. 조선고대(朝鮮古代)에 한문 급 불교문학(漢文及佛敎文學)이 왕성(旺盛)하였으매 시조시(時調詩)의 삼단체재(三段體裁)도 그의 본(本)을 받은 것이 아닌가하는 의심(疑心)도 있다. 그러나 그 유래(由來)는 음악상 관계(音樂上關係)로 보아서 외래식(外來式)을 이용(利用)한 것이 아닌 줄 안다. 위에 말함과 같이 시조시(時調詩)는 고대음악(古代音樂)과 작반(作伴)하야 나려온 것인즉 그 체재(體裁)는 악곡상(樂曲上)의 선율(旋律)과의 관계(關係)가 있음을 알지라 고악곡(古樂曲)을 사실(查實)하야 보건대 백제정읍사(百濟井邑詞)도 6구3단(六句三段)이오 서경별곡(西京別曲)도 3단(段)이요 만전춘(滿殿春)은 3구6구(三句六句)를 혼용(混用)하고 한림별곡(翰林別曲)도 6구3단(六句三段)이요 정과정(鄭瓜亭)의 악절(樂節)도 전후(前後) 각(各) 삼단(三段)이요 처용가(處容歌)의 악절(樂節)은 6단(段)으로서 매단삼엽(每段三葉)으로 구별(區別)하였다. 그러므로 시조시(時調詩)의 삼단조직(三段組織)도 재래악곡(在來樂曲)의 통례(通例)로 된 것이 분명(分明)하다.

서양악(西洋樂)의 작곡법(作曲法)은 각(各) 부분(部分)의 균형(均衡)과 대비(對比)를 주안(主眼)으로 하야 기승결(起承結)의 3부(部)로 구성(構成)하니 시조(時調)의 3단체재(三段體裁)도 이와 동일(同一)한 사고작용(思考作用)으로써 조직(組織)된 것인바 이를 음율상(音律上)으로 보아 가장 학술적(學術的)으로 된 것이라 할지니 서양시학(西洋詩學)에도 종종(從從) 음악작곡법(音樂作曲法)에도 비(比)함이 있거니와 시조시(時調詩)의 체재(體裁)는 본래(本來)부터 음악(音樂)과의 관계(關係)가 있음으로써 그 체단(體段)이 가장 예술적(藝術的)으로 조직(組織)된 것이니 이것이 시조시(時調詩)의 특색(特色)이다.

  그런데 이 3단설(三段說)은 문장상(文章上)으로 해석(解釋)할 것이오 시(詩)의 성질(性質)로는 말할 것이 아니다. 그러나 각국시(各國詩)는 각국시(各國詩)의 특성(特性)과 습관(習慣)으로 설명(說明)할 것인즉 시조시(時調詩)도 시조시(時調詩)의 목재(目在)한 정형(定型)을 거론(擧論)치 아니키 불가(不可)할새 그 3단법(三段法)은 엄정(嚴正)한 규칙(規則)으로 되어있는바 이것을 시조시(時調詩)의 특성적(特性的) 원형(原形)으로 논급(論及)치 아니할 수 없다.

### 제2절(第二節) 수운(數韻)

  시(詩)의 시(詩)된 주요(主要) 조건(條件)은 음성(音聲)

을 율동(律動)하는데 있는 것이다. 이 율동(律動)은 어음(語音)의 장단(長短)과 강약(强弱)과 또는 음수(音數)로써 구성(構成)하는데 이 구성(構成)은 언어성질(言語性質)에 따라서 다르다. 영시(英詩)는 강약음(强弱音)을 주(主)로 하고 한시(漢詩)는 고저음(高低音) 즉 사성(四聲)이라는 것을 주로 하며 불란서시(佛蘭西詩)는 강약음(强弱音)보다 음수(音數)의 계량(計量)으로써 주장(主張)한다. 조선어(朝鮮語)의 고저음(高低音)은 「섬」(도(島))이 고(高)하고 「섬」(석(石))은 저(低)하며 장단음(長短音)으로도 「밤」(율(栗))은 장음(長音)이요 「밤」(야(夜))은 단음(短音)이다. 강약음(强弱音)은 보통음(普通音)에는 불분명(不分明)하나 문장상(文章上) 또는 수사상(修辭上)에는 있으니 「붓이 아니라 책(冊)이다.」 할 때는 「책(冊)」이란 말이 강(强)하며 「나비가 춤춘다」 하면 「나비」와 「춤」은 강(强)하게 나온다.

그런데 시조시(時調詩)에는 강약음(强弱音)과 장단음(長短音) 등을 보지 않고 불란서시(佛蘭西詩)와 한가지로 음수율(音數律)을 위주(爲主)하나니 다시말하면 시조시(時調詩)의 격조(格調)를 이루는 것은 한갓 음철수(音綴數)를 일정(一定)하는 것으로서 시형(詩形)을 짓나니 음수(音數)는 시조시(時調詩)의 유일(唯一)한 조건(條件)이다. 이 음수(音數)를 위주(爲主)한 것은 본질적(本質的) 특징(特徵)을 가진 보편적(普遍的)한 규범(規範)으로 된 것이니 말하면 고대시가(古代詩歌)로부터 전통(傳統)의 법(法)

을 삼아 온 것이라. 그러므로 조선(朝鮮)의 고금시가(古今詩歌)는 음수(音數) 이외(以外)에 다른 요소(要素)는 없이 되었다. 음수(音數)란 것은 일정(一定)한 음(音)의 연속(連續)으로 된 철자수(綴字數)를 가지고 시(詩)의 장구(章句)를 이룬 것이라. 재래시(在來詩)의 자수(字數)는 각기(各其) 서로 일정(一定)치 못 하야 과학적(科學的)으로 기(其) 정형(定型)을 말하기 어려우나 금(今)에 거긔에 반(伴)한 곡조(曲調)에 의(依)하야 상찰(詳察)하면 정형(定型)과 부정형(不定型)의 이종(二種)을 발견(發見)할 것이라. 정형(定型)은 자수(字數)가 모도 45자(字) 인데 이 45자(字)를 대단위(大單位)로 하고 그를 다시 내분(內分)하야 상절(上節)에 말한 대로 3장(章)에 난호와 15자(字)를 일장(一章)으로 하였다. 일장(一章) 15자(字)를 다시 2로 난호와 내구(內句)는 7자(字)로 외구(外句)는 8자(字)로 정(定)하니 다시 말하면 내7외8(內七外八)의 엄격(嚴格)한 자수(字數)를 율동구성(律動構成)으로 한바 그것을 반복(反覆) 즉(卽) 되풀이 하야 3장(章)을 조직(組織)한 것이다.

**수운(數韻)**

초장(初章)
    일구(一句)(내(內))-----칠(七)
    이구(二句)(외(外))-----팔(八)                     15字

중장(中章)
　　　　삼(三)구(句)(내(內))-----7
　　　　사(四)구(句)(외(外))-----8　　　　　　　　　15字
　　종장(終章)
　　　　오구(五句)내(內)-----8
　　　　육구(六句)외(外)-----7　　　　　　　　　　15字

　통계(統計)로 말하면 그 내칠외팔(內七外八)의 합수(合數)인 15자(字)는 1장(章)의 수운(數韻)이 된바 그 15자를 동수(同數)로서 3회(回) 반복(反覆)하야 전편(全篇)의 율(律)을 구성(構成)하는 것이다. 서양시(西洋詩)의 박자운동(拍子運動)이 동일(同一)한 시간(時間)으로 됨과 같이 이 15자의 단위(單位)는 3장(章)을 통(通)하야 동일(同一)한 바로서 시간단위(時間單位)가 해화적(諧和的)으로 정확(正確)히 균제(均齊)된 것이니 이것이 장(章)의 정형적(定型的) 운율(韻律)이다. 그런즉 3장(章)의 연속(連續)되는 자수(字數)가 동수(同數)로 구성(構成)되야 정서적(情緒的) 암시(暗示)가 동(同)고조(高潮)를 보유(保有)할 때의 각(各) 장(章)의 시구(詩句)는 서로 해화적(諧和的)으로 된다. 만일(萬一) 3장(章)의 자수(字數)가 부동일(不同一) 하야 타(他) 장(章)과 관계(關係)를 산란(散亂)케 하면 자수(字數)의 부해화(不諧和)가 생기니 이를 시학상(詩學上) 소위(所謂) 부정형(不定型)이라 한다. 예(例)컨데 아

래와 같이

 백설(白雪)이 만건곤(滿乾坤)하니
 천산(天山)이 옥(玉)이로다        15자

 매화(梅花)는 반개(半開)하고
 죽엽(竹葉)이 푸르럿다        14자

 아히야 잔(盞)가득 부어라
 춘흥(春興)겨워 하노라.        16자

 3장(章)의 자수(字數)가 다 각각(各各) 되면 율동시간(律動時間)이 맞지 아니 하야 조자(調子)가 산란(散亂)하다. 어떤 나라 시(詩)던지 정형격(定型格)은 그 박자운동(拍子運動)이 동일(同一)한 시간(時間)으로 되지 않한 것이 없다.

 그런데 구(句)의 자수(字數) 규정(規定)이 선7후8(先七後八)의 장단(長短)으로 된 것은 무슨 이유냐 하면 이는 즉(卽) 율동(律動)의 본태(本態)로서 전편(全篇) 6구(句)의 자수상태(字數狀態)가 파형선(波形線)을 지어 선율미(旋律美)를 나타낸바 영시(英詩)에 8, 6조(調)인 장단구(長短句)와 같이 된 것이다. 만일 장단구(長短句)로 하지 아니하면 선율(旋律)의 미감(美感)이 나지 아니한다.

말하면 시조시(時調詩)의 운율(韻律)은 위에 말한 대로 강약음(强弱音)과 또는 고저음(高低音)을 쓰지 아니함으로써 기(基) 대신에 자수(字數)로서 율동(律動)의 요소(要素)를 삼지 아니할 수 없는 이유(理由)로서 한 것이다. 그러므로 자수(字數)의 율동적(律動的) 장단(長短)이 없으면 율격(律格)이 성립(成立)치 않는다.

  장단구(長短句)를 만들 때는 또 어찌하야 7, 8의 수(數)로써 한 것은 무슨 이유(理由)인가 이 문제(問題)에 대(對)하야는 음각원리(音脚原理)와 인간(人間)의 생리적 관계(生理的關係)에 근거(根據)된 것이라고 해답(解答)할 것이다. 일음(一音)은 음조(音調)를 내지 못함으로써 음각(音脚)은 영시(英詩)의 율동(律動)처럼 2음(音) 3음(音)으로 단위(單位)를 삼나니 2음(音) 3음(音)을 그 단위수(單位數)로 결합(結合)하면 1호흡(呼吸)의 최장(最長)은 8음(音)이라 고로 3, 2, 3의 3음절(音節)로써 8음(音)을 발(發)할지라도 호흡상(呼吸上) 곤란(困難)이 없거니와 8이상(以上)의 9음(音)은 2, 3, 2, 2의 4음절(音節)이 되어서 2절(切)로 분할(分割)치 아니할 수 없다. 그러므로 8음수(音數)는 음각(音脚)의 최장(最長)으로 하는 것이니 15음(音)에서 8음(音)을 제하면 기 여수(其餘數)는 7음이 되는지라 고로 선7후8(先七後八)의 수운(數韻)으로써 1장(章)의 율조(律調)를 삼은 것이니 이러므로써 시조시(時調詩)의 수운(數韻)은 과학적(科學的)으로 된 것이라 하는 바다.

일장(一章)의 율조(律調)가 선7후8(先七後八)의 순(順)으로 됨에 조차서는 종장(終章)도 또한 동일(同一)할 지나 실(實)은 그와 반(反)하야 선8후7(先八後七)로 됨은 무슨 이유(理由)인가 이는 두 가지 성질(性質)로 된 것이라.

1) 전율(前律)과 후율(後律)을 연쇄(連鎖)하야 추이(推移)의 묘미(妙味)를 취(取)한 것인바 한시(漢詩)의 환미렴법(換美簾法)과 같으니 즉(卽) 종장(終章) 내구(內句)의 8자(字)는 중장(中章) 외구(外句)의 8자(字)와 동수(同數)로 연점(聯粘)시키고 기(其) 외구(外句)의 7자(字)는 초장(初章)의 최초내구(最初內句) 7자(字)와 동수(同數)로 연점(聯粘)케한 동시(同時)에 후래(後來)의 타편(他篇)과도 연(連)하야 수십편(數十篇)의 다문구(多文句)라도 상합(相合)케한 것이다.

2) 종장외구(終章外句)가 7자(字)로 그친 것은 초장(初章)의 수구(首句)가 7자(字)로 일어남에 의(依)한 바의 율동적(律動的) 원칙(原則)을 취(取)한 것이니 음악작곡법(音樂作曲法)과도 동일(同一)한 규율(規律)인바 서양시학(西洋詩學)에 소위(所謂) 시(詩)의 선율(旋律)과 음악선율(音樂旋律)이 서로 동일(同一)한 점(點)이 있다는 말과 같은 이치(理致)로 된 것이니 이 두 가지 성질(性質)도 또한 과학적(科學的)으로 된 것이다. 그러나 만일(萬一) 장(章)의 외구(外句)를 본(本)으로 한다면 종장(終章)

외구(外句)가 단(短)하게 된 것은 중지형(中止形)으로써 반성적(半成的) 성질(性質)이 있게 보인다. 조선민요(朝鮮民謠)의 선율(旋律)은 모두 중지상태(中止狀態)도 된 것인바 이점(點)으로 대비(對比)할 때는 시조시(時調詩)는 조선적(朝鮮的) 특질(特質)이라 할 것이다.

### 제3절(弟三節) 율조(律調) - (칠팔조(七八調)) -

시(詩)의 주요조건(主要條件)인 운율(韻律)은 단순(單純)한 것이 아니오 여러 종류(種類)가 있으니 그 종류(種類)는 수운(數韻) 성운(性韻) 위운(位韻)의 삼종(三種)으로 된 것이라 성운(性韻)은 어성(語性)에 의(依)한바 억양(抑揚) 또 염(簾)이란 것이오 위운(位韻)을 일정(一定)한 위치(位置)의 음(音)을 서로 근사(近似)케 하는 것이니 시조시(時調詩)에는 성운(性韻)이 없고 위운(位韻)은 반의식적(半意識的)으로 쓴다. (하견(下見)) 수운(數韻)은 장(章)의 수운(數韻)과 구(句)즉 일행(一行)에 대(對)한 것 인데 장(章)의 수운(數韻)은 상절(上節)에 말함과 같고 일행(一行)의 수운(數韻)으로 말하면 기(其) 율동(律動)이 음악(音樂)의 선율(旋律) 같이 한 음절(音節)에서 다음 음절(音節)까지 가는 시간(時間)이 소단위(小單位)로 되니 이 소단위(小單位)를 운각 율조(律調) 박자(拍子) 또는 음절(音節)이라고도 한다.

시조시(時調詩)의 음절구(音節口) 박수(拍數)는 일구(一句)를 이절(二折) 한 바의 이(二) 운각(韻脚)으로써 일장(一章)이 4운각(韻脚)으로 전편 공 이십운각(全篇共二十韻脚)을 이룬 것이다. 그 단위(單位)인 일 음절(一音節)의 자수구성(字數構成)은 구(句)의 원자수(原字數)에 의(依)하여 삼사(三四), 사사(四四), 또는 삼오(三五.), 사삼(四三)의 순서(順序)로 되니 이를 7, 8 조(調)라 한다.

초(初)

0-0-0 : 0-0-0-0 │ 0-0-0-0 : 0-0-0-0 ‖
    7             8

중(中)

0-0-0 : 0-0-0-0 │ 0-0-0-0 : 0-0-0-0 ‖
    7             8

종(終)

0-0-0 : 0-0-0-0-0 │ 0-0-0-0 : 0-0-0 ‖
    8             7

이 율조(律調)는 기(其) 곡조(曲調)에 따른 장단점수(長短點數) 즉(卽) 선율(旋律) 역시(歷詩)의 박자(拍子)를 치는 점수(點數)의 순서(順序)에서 발견(發見)한 것이니 그 점수(點數)의 단위(單位)는 6점(點)을 전각(全刻)이라 하고 기(其) 반삼점(半三點)을 반각(半刻)이라 하는데 가(歌)의 문구(文句)는 기(其) 타순(打順)에 조차 상반각(上半刻)을 칠 동안에 삼자(三字) 하반각(下半刻)을 칠 동안에 일자(一字)를 창(唱)하는 규칙(規則)이라.

# 초장(初章), 중장(中章)

내구(內句)

　　송 림 ---- 에
　　● - ● - ●-
　　눈 이 ---- 오 ｜ 니 ---------------
　　● - ● - ●-｜- ● - ● - ●

외구(外句)

　　가 지 ---- 마 ｜ 다 ---------------
　　● - ● - ●-｜- ● - ● - ●
　　꽃 이 ---- 로 ｜ 다 ---------------
　　● - ● - ●-｜- ● - ● - ● ○ - ○ - ○

장단점(長短点)은 가법(歌法)의 발달(發達)을 반(伴)하여 확정(確定)된 것이니 즉(卽) 장죽헌(張竹軒)이 매화점법(梅花点法)을 설정(設定)함으로부터 된 것

단(但) ○삼점(三點)은 문구(文句)없이 공타(空打)하는 것

종장(終章)

내구(內句)

님 께 ---- 서 |

● - ● - ● - |

보　신　후 | 에 --------- 야

● - ● - ● - | - ● - ● - ●

외구(外句)

녹 아 ---- 진 | 들 -------------

● - ● - ● - | - ● - △ - △

엇　더　냐 |

△ - △ - △ |

　단(但) △5점(點)은 문구(文句)가 있으나 휴지(休止)하는 것

　장말(章末)의 삼점(三點)은 최초(最初) 상반각(上半刻)에 합(合)하야 전각(全刻)을 짓기 위(爲)한 것이니 이는 작곡법 상(作曲法上)의 원칙(原則)이다. 이상(以上)의 설명(說明)한 음절구성(音節構成)은 곡조(曲調)에 대조(對照)한 바어니와 다시 운각(韻脚)의 원칙(原則)으로 말하건데 조선시가(朝鮮詩歌)의 음절결합(音節結合)은 고대(古代)로부터 간단(簡單)으로 복잡(複雜)에 소(小)로 대(大)에 점행(漸行)하는 자연적(自然的) 진화법칙(進化法則)을 취

(取)하야 소수(小數)를 먼저하고 다수(多數)를 후(後)에 하는 것이 보편적 규범(普遍的規範)으로 된 것이라. 고로 오음(五音)을 양절(兩折)함에도 선이후삼(先二後三)으로 한 것이 통례(通例)로 되니 시조시(時調詩)의 일장수운(數韻)도 50자(字)를 선7후8(先七後八)로 하는 것이 그 이치(理致)라 고로 일구(一句)에 음절(音節)도 처음 칠자(七子)를 선3후4(先三後四)로 구분(區分)함은 순조(順調)인 그 원리(原理)와 그 체계(體系)에서 나온 것이라. 초장(初章) 외구(外句)가 4, 4로 된 것도 그 내구(內句) 말절(末節)의 4음(音)을 순조(順調)로 연점(聯粘)하므로써 된 것이니 그 점진적(漸進的) 순조(順調)를 취(取)한 것은 시조시(時調詩)의 운율구성법(韻律構成法)에 원칙(原則)으로 된 것이라. 영시(英詩)계에서 가장 용이(容易)한 방법(方法)으로써의 다용(多用)하는 율조(律調)도 순조(順調)를 취한 선약후강(先弱後强)(○-● 우(又) ○-○-●)격(格)이니 시조시(時調詩)도 그와 동일(同一)한 성질(性質)이 있어 그것이 시인(詩人)의 실용(實用)에 평이(平易)하고 또 화평미(和平美)가 있으며 내용 급 정서(內容及情緖)를 포(包)함해도 적의(適宜)하게 된 것이라. 이러므로써 자래인사(自來人士)가 시조시(時調詩)를 애용(愛用)하는 것이라.

 그런데 시(詩)의 운율(韻律)에는 선율(旋律)이란 것이 있다. 선율(旋律)은 음악(音樂)에 고저음(高低音)이 있는 것 같이 시간(時間)을 위반(違反)치 않는 안에서 변조(變

調)를 취(取)하는 것인바 그 선율(旋律)(멜로디)을 변(變)함에 의(依)하야 미(美)라는 것이 생기는 것이라. 말하면 동일(同一)한 2자음절(二字音節)만 무한(無限)히 연속(連續)하면 하등(何等)의 예술미(藝術美)가 없이 된다. 종장(終章)의 음율(音律)이 타장(他章)의 순서(順序)와 반(反)하야 선8후7(先八後七)로 된 것이 곧 그 이치(理致)를 쓴 것이다. 서양시(西洋詩)의 활기(活氣)를 위(爲)하야 선강후약(善綱後弱)의 율동(律動)을 쓰는 것 같이 초장(初章), 중장(中章)은 동일(同一)한 선7후8(先七後八)로써 이완(弛緩)의 감(感)이 있다가 종장(終章)에 와서는 그 순서(順序)를 전환(轉換)함으로써 일종(一種)의 쾌감(快感)이 생기나니 고로 종장(終章)에 당(當)한 시어(詩語)는 강(强)한 인상(印象)의 어(語)를 쓰는 것이 통례(通例)로 되니라. 종장(終章)외구(外句)가 선(先)4후(後)3으로 됨은 종장(終章) 전체(全體)의 구성형(構成形)으로써 선다후과(先多後寡)인 (내8외7(內八外七)) 방법(方法)을 준(準)하야 배정(排定)한 것이요 동시(同時)에 최후(最後) 3자(字)는 초장(初章) 최초(最初)의 이러나 3자(字) 조(調)에 회선연점(回旋聯粘)케 한 것이라. 시조시(時調詩)의 율동(律動)구성(構成)이 이렇듯 조리(條理)있게 되었으며 그 미묘(微妙)한 조직(組織)은 세계(世界) 각종(各種) 시체(詩體)에 비(比)하야 가장 우월(優越)한 특장(特長)의 가치(價値)가 있다 할 것이라.

최후(最後)에 주의(注意)를 부쳐둘 것은 두 가지가 있다. 서양시(西洋詩)의 수운(數韻)은 일어음(一語音)을 둘이나 셋에 분할(分割)하는 분탁적(分拆的)이요 조선시(朝鮮詩)는 이어이상(二語以上)을 종합(綜合)하야 율동(律動)의 수운(數韻)을 삼는 것이다. 선율(旋律)이란 것은 어느 정도(程度)를 벗어나 설명(說明)할 수 없으매 이는 작자(作者)의 재조(才操)에 맡기는 것이다.

　　주(註)　용비어천가(龍飛御天歌)는 각장(各章)이 이행(二行)으로 되었으나 종장(終章)은 특(特)히 3행(行)으로 되니 이는 초장(初章)이 일행(一行)으로 된바 그를 균형(均衡) 대비(對比)키 위한 것이라.

　　　　　시조장단(時調長短)도 그와 동율(同律)이다.


## 제4장(第四章) 시어(詩語)와 성조(聲調)

　시(詩)에는 운율(韻律) 이외(以外)에 성조(聲調)라는 것을 보는 것이 있으니 이것이 또한 요긴(要緊)한 것인바 어음(語音)의 성조(聲調)와 음수(音數)는 시형(詩形)의 생명(生命)이다. 무식(無識)한 기생(妓生)과 광대(廣大)들이 한문(漢文)의 의미(意味)를 알지 못하고 그 문구(文句)를 만히 낭창(朗唱)하는 것은 전(全)혀 성조(聲調)를 기억(記

憶)하는 것이다. (승려(僧侶)의 염불(念佛)도 역연(亦然)) 또 그들이 한자본음(漢字本音)을 빗드로 하는 것이 있으니 기중(其中)에 오류(誤謬)도 있지만은 그 얼마는 성조(聲調) 때문에 고쳐진 것이다. 성조(聲調)로 인하야 선율(旋律)이 잘 되고 어음(語音)으로 인하야 선율(旋律)과 해화(諧和)가 잘 된다 동일(同一)한 내용 동일(同一)한 율동(律動)에도 선율(旋律)의 잘되기는 성조(聲調)에 달린 것이다. 한시계(漢詩界)에서는 성조(聲調) 설명(說明)이 불비(不備)하나 서양시계(西洋詩界)에서는 이 설명(說明)이 대단(大段)하야 모음(母音) 자음(子音)을 분간(分揀)하야 해화적(諧和的) 논란(論難)을 많이 하였다. 이 성조(聲調)를 잘 하자면 문법(文法)에 위반(違反)이 될지라도 발음(發音)의 연속(連續)이 순조(順調)로 되게 할 것이니 가령(假令)『하야서』하면 순조(順調)가 되나 그를 문법(文法)대로 한다 하야『하여서』로 쓰면 불가(不可)하다. 또한 내용(內容)과 제재(題材)에 조차 어음(語音)을 선택(選擇)하여야 될 것인데 평화(平和)의 어의(語意)에는 범조(凡調)로 하고 활발(活潑)한 어의(語意)에는 호장(豪壯)한 파장음(破障音) 강음(强音) 탁음(濁音) 등(等)을 써서 (가령(假令) 역풍(逆風)은 나무 끝에・일(一) 짱(長) 검(劍) 비끼들고) 강(强)한 인상(印象)을 일으켜야 될 것이다.

또한 시(詩)는 인상(印象)을 선명(鮮明)케 하기 위(爲)

하야 거기 당(當)한 언어(言語)를 선택(選擇)하여야 한다. 무릇 문예(文藝)는 언어(言語)를 매재(媒材)로 하야 성립(成立)하는 것이다. 즉(卽) 문(文)을 알게되는 인식적 요소(認識的要素)는 언어(言語)다. 그런데 시(詩)에 있어서는 운율(韻律)의 조직(組織)으로 인(因)하야 결정적(決定的) 구성법(構成法)이 있으므로써 그 언어(言語)는 그 시(詩)의 율조(律調)에 응(應)하야 쓰게 되는 것이다. 즉(卽) 시(詩)는 운율(韻律)있는 언어(言語)를 매재(媒材)로 하야 성립(成立)되는 것이다. 그러므로 3자조(三字調)에는 3음어(三音語) 4자조(四字調)에는 4음어(四音語)를 맞춰넣어야 된다. 그러나 일음절(一音節)을 이어(二語)로 합(合)하던지 일어(一語)만 쓰든지 하는 것은 선율(旋律)의 관계(關係)라. 고로 이는 작자(作者)의 임의어(任意語)니와 음절(音節)마다 단어(單語)가 떨어지게 하는 것은 원칙(原則)이다. 운율(韻律)을 위(爲)하야 문법(文法)에 어그러지는 어법(語法)을 쓰는 일이 많다. 영시(英詩)에도 본어음(本語音)을 압축(壓縮)하고 합병(合倂)하는 일이 많다. 시조시(時調詩)의 이에 대(對)한 관용법(慣用法)은 대개(大槪) 5조(條)가 있으니 아래와 같다.

  1. 연음(延音)
  가이(개)  하나다 (한다.)
  하는다(한다)  한거이고(한게고)

2. 가음(加音)

    이것으란(이거는) 하돗다(했다)

    다만지(다만) 궁굴니다. (굴리다.)

3. 첨음적(添音的) 가음(加音)

    닉열(熱)하다 모질악(惡)

    밤저녁 용(勇)소슴

4. 정화적(情化的) 가음(加音)

    엇비슷 알맛다

    외(外)시골 홀가분

5. 약음(畧音)

    갈따(가려한다.) 말가(말인가)

    건가(그것인가) 잠못드러(잠을못드러)


그러므로 시(詩)의 문법(文法)은 보통문법(普通文法) 이외(以外)에 문법(文法)이 따로 있다. 또 인상(印象)을 선명(鮮明)키 위(爲)하여 언어(言語)를 선택(選擇)함에는 추상어(抽象語) 보다 구상어(具象語)를 쓰는 것이다. 이 구상어(具象語)에 있어는 보통어(普通語)보다 시격(詩格)에 당(當)한 열어(熱語)가 따로 있으니 기 수(其數) 예(例)를 아래의 보이노라.


○ 동풍(東風)(춘풍(春風)), 서풍(西風)(추풍(秋風))

○ 대경(大鏡)이 나라간다.(전(電))

○ 양각(兩脚)이 천심(千尋)이라(홍(虹))

○ 구름길이 구만리(九萬里)라(붕(鵬))

○ 두눈이 사라있다(묘(猫))

○ 등(燈)꽃이 찬란허니
　시(詩)가절로 화장(化粧)헌다(연회(宴會))

○ 부러져 누은비(碑)에
　천고한(千古恨)이 어려있다.(회고(懷古))

○ 지난일 생각(生覺)허니
　하로아침 천고(千古)로다(만장(挽章))

○ 망운우(望雲憂) 가득허니
　좋은경(景)도 심상(尋常)허다.(객지(客地))

　시어(詩語)를 선택(選擇)함에는 대가(大家)도 왕왕(往往) 실수(失守)하는 일이 있으니 단테같은 시인(詩人)의 시(詩)도 [광(光)이 침묵(沈默)한데로 온다.] 하였다고 후인(後人)은 광(光)과 침묵(沈默)이 부당(不當)하다 하는 비평(批評)을 한다. 고로 시인(詩人)은 시어(詩語)를 공부(工夫)할 것인바 화어(華語) 요어(要語) 등을 강심(講尋)도하려니와 외국어(外國語), 폐어(廢語), 신어(新語), 술어(術語), 와어(訛語), 이어(俚語) 등은 필요(必要)없는 한결코 쓰지 않는다. 또 본어(本語)만 쓰고 자래(自來) 관용(慣用)하든 한문숙어(漢文熟語) 같은 것을 배척(排斥)하는 것은 불가능(不可能)의 일이니 이는 비타(非他)라 본어수(本語數)가 소수(小數)인고로 능시(能詩)를 지을 수 없는 때문이다. 철자법(綴字法)같은 것도 경우(境遇)에 조차 본법(本法)을 파괴(破壞)하여야 될 일이 있나니 왜 그러냐 하면 시(詩)는 어음(語音)과 성조(聲調)에 따라 표정(表情)이 달라지고 형식(形式)이 틀리는 때문이다.

   허·고   순조(順調)
   하·고   강조(强調)
   꼿·이   순조(順調)
   꼿·치   강조(强調)
   겨울에·  순조(順調)
   겨울게·  강조(强調)

 그 순음(順音)과 강음(强音)에 따라서 인상(印象)이 다르게 되며 또한 선율(旋律)도 변(變)해진다. 용비어천가(龍飛御天歌) 월인천강곡(月印千江曲) 같은 고서(古書)의 철자법(綴字法)들을 보면 서로 다른 점이 많으니 그것이 불규칙(不規則)이 아니라 성조(聲調)를 위하여 고의(故意)로 달리 쓰는 것이니 시인(詩人)은 이것을 주의(注意)치 아니하면 안 될 것이니라.

## 제5장(第五章) 문장법(文章法)

  문예(文藝)는 다른 예술(藝術)보다 구의(具宜)한 특장(特長)이 있다. 그러나 개념적(概念的)으로 됨으로써 기어사(其語詞)가 용장(冗長)함을 면치 못하며 시(詩)는 긴축(緊縮)을 필요(必要)로 함으로써 이중(二重)의 결점(缺點)이 있다. 그러므로 세계(世界)의 어떤 나라 시인(詩人)이던지 이 결점(缺點)을 보정(補正)키 위하여 미적 효과(美的效果)를 증장(增長)케 하는 노력(努力)은 산문(散文)보다 배(倍)나 더하게 한다. 상언(詳言)하면 정한적 문자(定限的文字)로써 충분(充分)한 의사(意思)를 표출(表出)함에는 어의(語意)의 함축(含蓄)을 취(取)하므로써 일대방법(一大方法)을 삼은지라 그 함축술(含蓄術)이 즉(卽) 각종(各種)의 문장법(文章法)을 산출(産出)한 것이라. 그 결과(結果)로 인하여 시조시(時調詩)의 문장법(文章法)은 월등(越等)한 발달(發達)을 나타냈다. 한시(漢詩)와 서양시(西洋詩)에는 그 문장법(文章法)이 대체(大體), 비유(比喩), 은유(隱喩), 환명(換名), 의인(擬人), 과장(誇張) 등 오법(五法)에 불과(不過)하나 시조시(時調詩)에는 이미 삼십여칙(三十餘則)을 썼으니 이런 발달(發達)의 문장법(文章法)은 세계적(世界的)으로 가장 우월(優越)하게 된 것이니 이를 이하(以下)에 상술(詳述)하노라.

### 제1절(第一節) 구(句)의 사자(詞姿)

시(詩)의 형태상 요소(形態上要素)는 먼저 율어(律語)를 연결(聯結)하여 구(句)를 이룸에 있나니 고로 구(句)는 시형(詩形)의 구성상(構成上) 가장 중요(重要)한 부분(部分)으로써 여기에 대(對)한 미문적(美文的) 치장(治裝)은 예술상(藝術上) 공력(工力)을 다하는 것일새 그 법(法)은 인(人)의 감정발작(感情發作)의 동향(動向)에 응(應)하여 자못 수다(數多)한데 시조시(時調詩)의 미적 효과(美的効果)로 발생(發生)한 것은 이미 삼십수칙(三十數則)에 다다르니 이를 아래에 진술(陳述)하노라.

(1) **직유법(直喩法)**

명확(明確)히 2의 사물(事物)을 비교(比較)하여 소직(素直)히 비유(譬喩)하는 법(法)이니 이 법(法)은 고시고문(古詩古文)에 가장 다용(多用)하든 것이라.

  ○ 저물도 <u>내안갓하야</u>
  울어엘만 하도다              － 왕방연(王邦衍)

  ○ 우리는 총명(聰明)남자(男子)로되
  <u>농(聾)고(瞽)</u>가치 하리라              － 이 황(李 滉)

○ 원근(遠近)이 거림이로다 　　　　　－이 이(李 珥)

○ 눈이 모래갓고
　모래도 눈이로다 　　　　　－홍 적(洪 迪)

(2) 활유법(活喩法)

무생물(無生物)에 생(生)을 부여(賦與)하여 의인적(擬人的)으로 비유(比喩)한 것이니 서양문(西洋文)에서도 이 법(法)을 (Personification)비상(非常)히 취미(趣味)있게 치는 것이라.

○ 만산(滿山) 홍록(紅綠)이
　휘드르며 웃는고야 　　　　　－효종왕(孝宗王)

○ 천공(天公)이 한가(閑暇)히여겨
　달을 조차 보내더라 　　　　　－유자신(柳自新)

○ 유신(有信)한 강파(江波)는
　보내느니 바람이라 　　　　　－맹사성(孟思誠)

○ 동풍(東風)이 세우를 모라
　잠든나를 깨운다 　　　　　－조 준(趙 浚)

(3) 풍유법(諷喩法)

표면상(表面上) 본의(本意)를 은닉(隱匿)하니 유의(喩義)를 투과(透過)하여 본의(本意)를 찰(察)하는 것인바 혹(惑) 우언법(禹言法)이라도 한 것이라.

  ○ 가마귀 싸호는 골에
    백로(白鷺)야 가지마라
    성낸 가마귀
    흰빛을 새올세라
    청강(淸江)에 조히씨슨몸
    더리올가 하노라          - 포은모씨(圃隱母氏)

  ○ 감장새 작다하고
    대붕(大鵬)새야 웃지마라
    구만리(九萬里) 장공천(長空天)에
    너도날고 저도난다.
    두어라 일반비조(一般飛鳥)니
    네오내오 다르랴          - 이 택(李 澤)

  ○ 해다저 저문날에
    지저귀는 참새들아
    조고만 반가지(半柯枝)도
    그무엇이 하거이던

  구태여 크나큰낭글
  새와무삼 하리오       －구지정(具志禎)

### (4) 은유법(隱喩法)
 표면상(表面上) 비유(比喩)의 형식(形式)을 은(隱)하여 격언(格言)으로 된 것이라.

 ○ 날을 뭇지마라
  전신(前身)이 주하사(柱下史)라   －신 흠(申 欽)

 ○ 인심(仁心)은 터이되고
  효제충신(孝悌忠信) 기동되어   －주의식(株義植)

 ○ 거문고 드러메고
  서호(西湖)로 돌아가니
  노화(蘆花)에 떼갈마기는
  제벗인가 하더라       －김성기(金聖器)

 ○ 인정(人情)은 토각(兎角)이오
  세사(世事)는 우모(牛毛)로다   －이정섭(李廷燮)

### (5) 대조법(對照法)
 상반(相反)의 사물(事物)을 병시(拼示)하여 양단(兩端)

을 상보(相補)한 것이라.

  ○ 더저두다 어데가랴     − 김천택(金天澤)

  ○ 부생(浮生)이 꿈이어늘
   공명(功名)이 아랑곳가     − 상동(上同)

  ○ 시절(時節)이 저러하니
   이 인사(人事)도 이러하다   − 이항복(李恒福)

  ○ 덕(德)없으면 난(亂)하나니
   예(禮)없으면 잡(雜)되나니   − 윤선도(尹善道)

(6) 조응법(照應法)

 유사(類似)한 사상(思想)을 격치(隔置)하여 상조호응(相照呼應)으로써 묘미(妙味)를 잇게 한 것이라.

  ○ 강한(江漢)이 <u>무궁(無窮)</u>하니
   백구(白鷗)의 <u>부귀(富貴)</u>로다   − 임의직(任義直)

  ○ 산천(山川)은 의구(依舊)커늘
   인걸(人傑)은 <u>어데간고</u>
   어즈버 태평연월(太平烟月)이

꿈이런가 하노라　　　　　　　－길 재(吉 再)


　○ 암반(岩畔)에 설중고죽(雪中孤竹)
　　반갑기도 반가워라
　　수양산(首陽山) 만고청풍(萬古淸風)에
　　이제(夷齊)본 듯 하여라　　　　－서 견(徐 甄)

(7) 억양법(抑揚法)
　대조법(對照法)의 일종(一種)으로 허사(虛辭)와 실사(實辭)로써 파란(波瀾)의 세(勢)를 이러킨 것이라.

　○ 태산(泰山)이 높다하되
　　하늘아래 뫼이로다　　　　　　－양사언(楊士彦)


　○ 폐일(蔽日) 부운(浮雲)을
　　다쓰려 버리과저
　　시절(時節)이 하수상(殊常)하니
　　쓸동말동하여라　　　　　　　　－김 유(金 瑬)


　○ 술을 내질기랴
　　광약(狂藥)인줄 알건마는
　　진실(眞實)로 술곳아니면
　　시름풀것 없어라　　　　　　　－정태화(鄭太和)

(8) 괄진법(括進法)

전(前)에 산서(散叙)하다가 후(後)에 괄속(括束)한 문맥(文脈)이라.

    ○ 문경(門扃)에 객산(客散)이오
       풍미(風微)지어 월낙(月落)이라.
       주옹(酒甕)을 다시열고
       시(詩)를다라 훗부르니
       아마도 산인득의(山人得意)는
       이뿐인가 하노라            — 하위지(河緯地)

    ○ 멘구름 한(恨)치마라
       세상(世上)빛을 가리운다.
       낭파성(浪波聲) 염(厭)치마라.
       진훤(塵喧)소리 막는고야
       두어라 막고가림은
       나는조와 하노라             — 윤선도(尹善道)

(9) 열서법(列叙法)

전어(前語)를 괄속(括束)치 아니한바 정(情)이 격(激)한 것을 그대로 사출(寫出)한 것이라.

    ○ 슬프나 질거오나

올타하나 오(誤)라하나　　　　－윤선도(尹善道)

　○ 공명(功名)도 니젓노라
　　부귀(富貴)도 니젓노라　　　　－김광욱(金光煜)

　○ 늘고 병(病)든정(情)은
　　국화(菊花)에 부첫노라.
　　귀밑에 훗나는백발(白髮)은
　　일장금(一張琴)에 붓첫노라　　－김수장(金壽長)

## (10) 연쇄법(連鎖法)

　전구(前句)의 말어(末語)를 다음 구두(句頭)에 재치(再置)하여 추이(推移)의 묘미(妙味)를 생(生)한 것이라.

　○ 강호(江湖)에 노자하니
　　성주(聖主)를 버리려고
　　성주(聖主)를 섬기자니
　　소낙(所樂)에 어기어라　　　　－권호문(權好文)

　○ 어려서 헴못나고
　　헴이나자 다늘것다　　　　　　－송종원(宋宗元)

　○ 아나니는 나와백구(白鷗)

백구(白鷗)야 헌사할손
　　못미들손 매화(梅花)로다.
　　매화(梅花)야 떠지지마라　　　　　－이 황(李 滉)

(11) 점층법(漸層法)
　어구사상(語句思想)을 차제(次第)로 강우약(强又弱)케 하야 인(人)을 유화(誘化)케 한 것이라.

　○ 풍파(風波)에 놀난사공(沙工)
　　배파라 말을사니
　　구절(九折)도 양장(羊腸)이야
　　물두고는 어려워라.
　　이후(後)란 배도말도말고
　　밧갈기만 하리라　　　　　－장 만(張 晩)


　○ 꼿피면 달생각(生覺)에
　　달밝으면 술생각(生覺)에
　　꼿피자 달이 밝자
　　술얻으면 벗생각(生覺)에　　　－이정보(李鼎輔)

(12) 생략법(省畧法)
　가속처(可續處)를 절(切)하여 간결(簡潔)과 여운(餘韻)을 나게 한 것이라.

ㅇ 압헤는 천경유리(千頃琉璃)
　　도라보니 만첩청산(萬疊靑山)　　　－ 윤선도(尹善道)

　ㅇ 화작작(花灼灼) 범나비쌍(雙)쌍(雙)
　　유(柳)청(靑)청(靑) 꾀꼬리 쌍(雙)쌍(雙) － 정 철(鄭 澈)

이상(以上)은 토(吐)의 생략(省略)

　ㅇ 오동(梧桐)에 듯는빗발
　　무심(無心)히도 듯건마는　　　　　－ 김상객(金尙客)

　ㅇ 송단(松壇)에 선잠깨여
　　취안(醉顔)을 들어보니　　　　　　－ 김창흡(金昌翕)

이상(以上)은 주어(主語)의 생략(省略)

(13) 접이법(接離法)
　일구(一句)에 속(屬)한 어(語)를 타구(他句)에 옮기어 문구(文句)에 힘을 부치고 상상(想像)의 여지(餘地)가 있게 한 것.

　ㅇ 잇스라 하드며는
　　가랴마는 제귀태여

보내고 거리는정(情)은
　　나도몰라 하노라　　　　　　　　－ 진 이(眞 伊)


○ 눈정(情)에 결운님이
　　실커널 어듸본다　　　　　　　　－ 무명씨(無名氏)


○ 밤지난 고사리야
　　하마아니 늘것스랴　　　　　　　－ 조존성(趙存性)


(14) 상실법(詳悉法)

진선진미(盡善盡美)로 사물(事物)을 열거(列擧)한 것이라.


○ 홍진(紅塵)을 다떨치고
　　죽장망혜(竹杖芒鞋) 집고신고
　　거문고 드러메고
　　서호(西湖)차저 도라가니　　　　－ 김성기(金聖器)


○ 궁상(宮商)과 각치우(角徵羽)를
　　주줄이 집헛스니　　　　　　　　－ 김중설(金重設)


○ 놉흐락 나지락에
　　멀지기와 갓갑기와
　　모지락 둥그락에

길지기와 저르기와
　　평생(平生)을 이리햇스니
　　무삼근심 잇스랴　　　　　　　－안민영(安玟英)

(15) 환서법(換序法)
　문법상(文法上)의 순서(順序)를 전도(轉倒)하야 감정(感情)을 고(高)케 한 것이라.

　　○ <u>초당에</u> 청풍명월(淸風明月)은
　　　나며들며 다닌다　　　　　－이현보(李賢輔)

　　○ 저근 듯 비러다가
　　　<u>뿌리과저</u> 마루우희　　　　－우 탁(禹 倬)

　　○ <u>맹그리라</u> 검정암소　　　－무명씨(無名氏)

(16) 대우법(對偶法)
　조자(調子)의 유사(類似)한 문구(文句)를 병열(幷列)하여 대립(對立) 우(又) 겸행(兼行)의 미(美)로 된 것이니 서양문(西洋文)에도 이 법(法)을 (Parallel)다용(多用)하는 것이다.

　　○ 창전(窓前)에 풀푸르고

지상(地上)에 고기뛴다　　　　　－장경세(張經世)

　　○ 산(山)에는 눈이오고
　　　들에는 찬비로다　　　　　　－임 제(林 悌)

　　○ 들은말 즉시(卽時)닛고
　　　본일도 못본듯이　　　　　　－송 인(宋 寅)

(17) 의태법(擬態法)
사물(事物)의 태도(態度)를 의모(擬模)하여 흥미(興味)를 있게 한 것이라.

　　○ 어룬 자박국이를
　　　<u>둥지둥둥</u> 띄여두고　　　　－채유후(蔡裕後)

　　○ 두소매 느리치고
　　　<u>우줄우줄</u> 하는뜻은　　　　－김응정(金應鼎)

　　○ 어듸서 살진쇠양만
　　　<u>외용지용</u> 하느니　　　　　－김천택(金天澤)

(18) 반복법(反覆法)
동일(同一)한 어구(語句)를 되풀이를 하야 일종(一種)

의 쾌감(快感)을 나게 한 것이라.

    ○ 어화 <u>베힐시고</u>
      낙낙장송(落落長松) <u>베힐시고</u>　　　－정 철(鄭 澈)

    ○ <u>알앗노라 알앗노라</u>
      나는 벌서 <u>알앗노라</u>　　　－이정섭(李廷燮)

    ○ 청산(靑山)도 <u>절로절로</u>
      녹수(綠水)도 <u>절로절로</u>　　　－송시열(宋時烈)

### (19) 문답법(問答法)

문조(文調)의 진행(進行)을 파열(破裂)함에서 일종취미(一種趣味)를 나게 한 것이라.

    ○ 아해(兒孩)야 무릉(武陵)이어더오
      나는엔가 하노라　　　－조 식(曹 植)

    ○ 네집이 어데메오
      이뫼넘어 긴강(江)우헤
      백구(白鷗)게 떠잇스니
      게가물어 보시오　　　－장 만(張 晚)

(20) 곡언법(曲言法)

배감(背感)의 사물(事物)을 화(和)키 위(爲)하야 부분(部分)의 언사(言詞)를 숨기고 원회(遠廻)로써 결과(結果)만 보인 것.

  ○ 수국(水國)에 가을드니
   고기마다 살저잇다       — 맹사성(孟思誠)


  ○ 객점(客店) 고등(孤燈)에
   고향(故鄕)이 천리(千里)로다    — 조명이(趙明履)


  ○ 옥란(玉欄)에 꽂이피니
   십년(十年)이 어느덧고     — 조계영(曹溪英)

(21) 반언법(反言法)

진의(眞意)를 반대(反對)로 세워서 정면(正面)보다 효력(效力)을 더 있게 한 것이니 서양문(西洋文)의 (Irouy)법(法)가튼 것이라.

  ○ 치천하(治天下) 50년(年)에
   불지(不知)왜라 천하사(天下事)를   — 변계량(卞季良)


  ○ 천태산(天台山) 깁흔골에

불로초(不老草)를 캐랴하니
　　　만학(萬壑)에 백운만(白雲滿)아
　　　갈길몰라 하노라　　　　　　　　－안 정(安 挺)

### (22) 측사법(側寫法)
　객(客)을 빌녀다가 주(主)를 사출(寫出)함으로써 문력(文力)을 있게 한 것이라.

　　ㅇ 뉘라서 관내일성(欵乃一聲)에
　　　　만고심(萬古心)을 알리오　　　　－윤선도(尹善道)

　　ㅇ 어데서 호적(胡笛)소리는
　　　　남의애를 긋느니　　　　　　　－이순신(李舜臣)

### (23) 설의법(設疑法)
　의문(疑問)을 베풀어 취미(趣味)와 상상(想像)의 여지(餘地)를 둔 것이라.

　　ㅇ 뉘가안다 하오리

　　ㅇ 이뿐인가 하노라

　　ㅇ 어즈버 천고이백(千古李白)이

날과엇더 하드니　　　　　　　－ 김천택(金天澤)

(24) 인용법(引用法)

고사(古事)를 이끌어 자기문장(自己文章)을 풍부(豊富)케 한 것이니 서양문(西洋文)의 (Alliision)과 동(同)하야 문력(文力)을 강(强)케 함에도 다용(多用)한 것이라.

　　○ 조조(鳥鳥)도 반포(反哺)를 하니
　　　부모효도(父母孝道) 하여라　　　－ 김상용(金尙容)

　　○ 황하수(黃河水) 막다더니
　　　대성인(大聖人)이 나시도다　　　－ 김광욱(金光煜)

　　○ 우리는 들은말없으니
　　　귀씨슴이 없어라　　　　　　　－ 윤선도(尹善道)

(25) 중의법(重義法)

일 관념(一觀念)에 이(二)의 사물(事物)을 표(表)하야 구조(口調)로써 어로(語路)를 모(模)뜨며 또는 기지(機智)의 본령(本領)을 삼은 것이라.

　　○ 창(窓)박게 워석버석
　　　님이신가 닐어보니

혜란(蕙蘭) 계경(溪徑)에
낙엽성(落葉聲)은 무삼닐고　　　　－신 흠(申 欽)

○ 산(山)밋테 사자하니
두견(杜鵑)이도 붓그럽다.
내집을 굽어보고
솟적다고 하는고야　　　　　　－정 철(鄭 澈)

○ 보리뿌리 맥근맥근(麥根麥根)
오동(梧桐)열매 동실동실(桐實桐實) －무명씨(無名氏)

(26) 정화법(情化法)
　표정(表情)의 어(語)를 더 하야 우(優)하고 소(笑)하고 황(荒)한 미(美)로 된 것이라.

○ 용천(龍泉) 설악(雪鍔)을
들게가라 들어메고　　　　　　－최 영(崔 瑩)

○ 만고(萬古) 영웅(英雄)을
손곱아 헤어보니　　　　　　－이덕형(李德馨)

○ 밤마을 녯닐훔이
맛초아 가틀시고　　　　　　－김광욱(金光煜)

○ 세상(世上)의 번우(煩憂)한닐
다주어 니젓노라           — 상동(上同)

### (27) 과장법(誇張法)

사물(事物)의 수량(數量)과 성질(性質)을 과대(過大)케 한 것이라.

○ 억조(億兆) 창생(蒼生)이
대기(戴己)를 원하나다       — 변계량(卞季良)

○ 천지(天地)는 장막(帳幕)이요
일월(日月)은 등촉(燈燭)이니   — 이안눌(李安訥)

○ 소상강(瀟湘江) 긴대베혀
하눌밋게 비를매여
수일(數日) 부운(浮雲)을
다쓸어 버리과저           — 김 유(金 堉)

### (28) 미화법(美化法)

평어(評語)를 화어(華語)로 구체적(具體的)을 추상적(抽象的)으로 또는 배감(背感)의 사물(事物)을 미화(美化)케 한 것이라.

○ 추산(秋山)이 석양(夕陽)을 띄고
　강심(江心)에 잠겻서라　　　　　－유자신(柳自新)


○ 실가치 허튼수심(愁心)
　묵포도(墨葡萄)에 븟첫노라　　　－김수장(金壽長)


○ 귀밋헤 해묵은서릴
　부러볼가 하노라　　　　　　　－우 탁(禹 倬)


○ 꾀꼬리 새노래는
　세우중(細雨中)에 구을거다　　　－안민영(安玟英)


(29) 거열법(擧列法)

추상(抽象)을 구상(具象)으로 세우기 위(爲)하야 상당(相當)한 사물(事物)을 꺼러댄 것이라.

○ 신릉군(信陵君) 무덤우혜
　밧가는줄 모르시나　　　　　　－신 흠(申 欽)


○ 장사왕(長沙王) 가태전(賈太傳)는
　그 눈물도 여힐시고
　한문제(漢文帝) 승평시(昇平時)에
　통곡(痛哭)함은 무삼일고

우리도 그런때낫다
어이울가 하노라　　　　　　　　　－이항복(李恒福)


○ 낙일(落日)은 서산(西山)에저
동(東)바다로 다시나고
가을에 니운풀은
봄에다시 푸르건만
엇지타 최귀인생(最貴人生)은
귀부귀(歸不歸)를 하느니　　　　－이정보(李鼎輔)

(30) 현사법(現寫法)
　과거(過去)와 장래(將來)를 안전(眼前)에 활현(活現)하야 동상(同想)과 예상(豫想)을 시킨 것이니 서양(西洋)의 연설급(演說及) 논설문(論說文)에는 이 법(法)을 주(主)로 쓰는 것이라.

　　○ 등을쬐고 안젓스니
　　　우리님 게신데도
　　　이볏이 쬐돗던가　　　　　　－이정보(李鼎輔)


　　○ 한번(番)을 죽은 후(後)면
　　　어느날에 다시오며
　　　깁흔산(山) 언덕우헤

술부어 잡고권(勸)하며

노세하리 잇스리              - 김천택(金天澤)

(31) 거우법(擧隅法)

전부(全部)에서 관계(關係)있는 일부(一部)를 처들고 타(他) 부분(部分)은 함축(含蓄)하여서 기(其) 전모(全貌)를 살피게 한 것

    ㅇ 엇더타 <u>능연각상(凌煙閣像)</u>을

       우리몬저 하리라              - 김종서(金宗瑞)

    ㅇ 사면(四面) 청산(靑山)이

       <u>옛얼골</u> 나노매라              - 김광욱(金光煜)

    ㅇ 홍진(紅塵)에 <u>꿈깨연지</u>

       이십년(二十年)이 어제로다       - 장경세(張經世)

    ㅇ 님ㅇ 선생(先生)ㅇ 성인(聖人)

    ㅇ 장부(丈夫)ㅇ 부생(浮生)ㅇ 무릉(武陵)

(32) 영탄법(詠嘆法)

영탄(咏歎)의 소리로써 심고강격(深高強激)의 정(情)

을 표(表)한 것이라.

　○ 아마도 세상만사(世上萬事)가
　　다이런가 하노라　　　　　　　　－홍 적(洪 迪)

　○ 두어라 내시름아니라
　　제세현(濟世賢)이 업스랴　　　　－이현보(李賢輔)

　○ 시절(時節)아 너도라오건
　　왓소말만 하여라　　　　　　　　－은 사(隱 士)

(33) 기경법(奇警法)
　의외(意外)로 기발(奇拔)의 말을 낸 것이니 이는 문학(文學)의 진보(進步)를 최촉(催促)한 것이니 서양문(西洋文)의 (Epigram)과 가튼 것이라.

　○ 수양산(首陽山) 바라보며
　　백이숙제(伯夷叔齊) 한(恨)하노라
　　줄여서 죽을망정
　　채미(採薇)조차 하올것가
　　아모리 푸새예건들
　　그뉘따헤 난게오　　　　　　　　－성삼문(成三問)

○ 다정(多情)도 병(病)인양하여
　잠못들어 하노라　　　　　　　－이조오(李兆吾)


○ 산(山)은 녯산(山)이나
　물은녯물 아니로다
　주야(晝夜)로 흘러가니
　녯물다시 잇슬소냐　　　　　　－진 이(眞 伊)

　이상(以上)에 진술(陳述)한 제종(諸種)의 사자법(詞姿法)은 고대(古代)의 시인(詩人)이 각기(各其) 취(取)하던 문예술(文藝術)로서 일수(一首)의 조어(措語)에 따라 응용(應用)하든 것이라. 기 중(其中)에도 조응법(照應法)을 크게 주의(注意)하야 그로써 문맥(文脈)의 원칙(原則)을 삼았나니 고로 여하(如何)한 시(詩)던지 조응어(照應語)가 없는 것이 없나니라.

### 제2절(第二節) 운(韻)

　운(韻)은 반복법(反覆法)이 발달(發達)하여 된 것이니 동상태(同狀態)의 어운(語韻)을 중용(重用)하야 운율(韻律)의 미감(美感)을 야기(惹起)하는 것이라. 갱언(更言)하면 일도(一度)에 부족(不足)한 음(音)을 2도(度), 3도(度)에 반복(反覆)하여 포박자(包拍子)와 어의(語意)를 조화

(調和)하여서 일종(一種)의 쾌감(快感)을 나게 한 것이니 두운(頭韻), 요운(腰韻), 말운(末韻)의 3종(種)이 있다.

(1) 두운(頭韻)

전후(前後) 어구(語句)의 초위(初位)의 음(音)을 근사(近似)케 한 것이니 한시(漢詩)의 쌍운(雙韻)과 서양시(西洋詩)의 두운(頭韻)(Alliteration)과 같은 것이라.

  ㅇ 매·아미 맵·다하고
    쓰·르라미 쓰·다하고     － 이정신(李廷藎)

  ㅇ 이·성에 저성하니
    이·룬닐이 무스일고     － 송 인(宋 寅)

  ㅇ 처음에 모·르드면
    모·르고나 잇을것을     － 김우규(金友奎)

  ㅇ 일·학(一壑) 송풍(松風)이
    이·내진상(塵想) 다씻어라    － 상동(上同)

  ㅇ 풀·은 어이하야
    푸·르는듯 누르느니     － 윤선도(尹善道)

○ 이·세상(世上)을 니·즈리라 　　　　－신 흠(申 欽)

○ 곳·게선 저얼골이
　곳·칠적이 제업나다 　　　　－박인로(朴仁老)

○ 부·귀를 부·러마라 　　　　－김천택(金天澤)

○ 어·이하야 어·들소냐 　　　　－동(同)

○ 아마도 다·토리업긴
　다·만인가 하노라 　　　　－상동(上同)

(2) 요운(腰韻)

　전후어구(前後語句)의 중간음(中間音)을 근사(近似)케 한 것이라.

○ 이몸이 죽어·가서
　그무엇·이 될고하니 　　　　－성삼문(成三問)

○ 속타는·줄 모르는·다 　　　　－이 개(李 塏)

○ 무정·(無情)히 섯는바회
　유정·(有情)하야 보이나다 　　　　－박인로(朴仁老)

○ 이거·사 어린거·사　　　　　－이정환(李廷煥)

○ 곳기·는 뉘시기·며　　　　　－윤선도(尹善道)

○ 백구(白鷗)야 무러보자
　놀나·지를 말나·스라　　　　－김천택(金天澤)

○ 아는다· 모르는다·　　　　　－이 준(李 濬)

(3) 말운(末韻)

　미운(尾韻)이라도 하는 것이니 전후어(前後語)의 말음(末音)을 근사(近似)케 한 것 인데 일구(一句)의 최후음(最後音)을 같게 한 각운(脚韻)이란 것도 여기 속(屬)하니 한시(漢詩)의 압운법(押韻法)과 서양시(西洋詩)의 각운(脚韻)(Rhyrne)과 동일(同一)하다. 그런데 한시(漢詩)의 압운(押韻)은 너무 엄격(嚴格)하나 조선시(朝鮮詩)의 압운(押韻)은 영시(英詩)의 압운(押韻)과 정동(正同)하되 단(但) 반의식적(半意識的)으로서 자유(自由)로 쓰는 것이니 일법(一法)을 이루니라.

○ 네오·내오· 다르랴

○ 오고·가고· 하더라

○ 백년(百年)이 역초초(亦草草)하·니
　아니놀고 어이리·　　　　　　　　　－신 흠(申 欽)


○ 나온댜· 금일(今日)이야·
　질거온댜· 오늘이야·　　　　　　　－김 구(金 球)


○ 청석령(請石嶺) 지내거다·
　초하구(草河溝)는 어디메오·
　호풍(胡風)도 참도찰사·
　구즌비는 무삼닐고·
　뉘라서 이행색(行色)거려다·
　님게신데 드릴고·　　　　　　　　－효종왕(孝宗王)


○ 눈으로 기약(期約)터니·
　네가과연(果然) 픠엿고나·
　황혼(黃昏)에 달이오니·
　거림자도 기이(奇異)커다·
　청향(淸香)이 잔(盞)에 떳스니·
　취(醉)코놀녀 하노라·　　　　　　－안민영(安玟英)


○ 강호(江湖)에 봄이드니
　미친흥(興)이 절로난다.
　탁료(濁醪) 계변(溪邊)에

금린어(錦鱗魚)야 안주로다·
　　이몸이 한가(閑暇)해옴도
　　역시군은(赤是君恩) 이샷다·　　　－맹사성(孟思誠)

　○ 이런들 어떻하며
　　저런들 어떠하료·
　　초야(草野)에 우민생(愚民生)이
　　이러하다 어떠하료·
　　하물며 천석고황(泉石膏肓)을
　　고쳐무삼 하이료·　　　　　　　－이 황(李 滉)

　이 운법(韻法)은 운율(韻律)의 일종(一種)인 성운(性韻)으로서 시(詩)에 불가결(不可缺)한 요소(要素)라. 그러나 시조시(時調詩)에는 정칙(定則)으로 쓰지 아니하고 반의식적(半意識的)으로써 문장법(文章法)에 용(用)한 것이라. 그런데 고인(古人)은 여기 대(對)하야 큰 관심(關心)을 둠이 뵈이지 아니하니 시조시(時調詩)의 결점(缺點)은 이 운법(韻法)의 박약(薄弱)함에 재(在)하다 할지라. 그러나 타국시(他國詩)에도 무운 시(無韻詩)가 있으니 운법(韻法)의 약(弱)한 것을 결점(缺點)이라 할 것은 아니라 이상(以上)에 열거(列擧)한 사자(詞姿)를 종합(綜合)하야 추상적(抽象的)으로 분류(分類)하면 사상 상(思想上)의 사자(詞姿)와 언어 상(言語上)의 사자(詞姿)로 구별(區別)

하기 가(可)하니라.

**사자(詞姿)**
사상상(思想上)
  비류법(比類法) 문답법(問答法)
  설의법(設疑法) 영탄법(咏嘆法) 등(等)
언어상(言語上)
  생략법(省略法) 대우법(對偶法)
  조응법(照應法) 점층법(漸層法) 등

관(觀)컨대 외국(外國)에는 일반(一般) 수사법(修辭法)에 있어 비상(非常)한 토의(討議)를 겪어 온지라 한문(漢文)에서는 양(梁)으로부터 청(淸)에 지(至)하기까지 범(凡)10여종(餘種)의 서(書)가 출(出)하였으며 서양문(西洋文)에서는 희랍라마(希臘羅馬)로부터 300종(種)을 논란(論難)함이 있었고 근세(近世)에는 육칠십(六七十) 종(種)을 언(言)하다가 교과서(敎科書)에는 이십삼사(二十三四) 종(種)을 취함에 이른지라 그러나 그것들은 다 산문(散文)에 한(限)한 것이라 조선문(朝鮮文)에는 자래문자법(自來文章法)을 발론(發論)함이 없었거니와 기(其) 법(法)이 이상(以上)의 예(例)로써 시조시(時調詩)에서 건설(建設)됨을 알 것이니 이것이 실(實)로 시조시(時調詩)의 예술적 운동(藝術的運動)의 발달(發達)된 증거(證據)니라.

### 제3절(第三節) 편(篇)의 사자(詞姿)

편(篇)은 전 문장(全文章)의 조직(組織)을 완비(完備)한 것이라. 이 편법(篇法)을 조직(組織)함에는 질서(秩序)와 연락(聯絡)과 통일(統一)의 3요소(要素)를 취(取)하고 이 3요소(要素)를 응용(應用)한 형식(形式)은 오법(五法)이 있으니 이를 이하(以下)에 축시(逐示)하노라

### (1) 추서식(追叙式)

사물(事物)의 어단(語端)을 연(連)하야 단(端)으로 단(端)에 일보일보(一步一步) 진행(進行)한 방식이니 이는 기행문(紀行文), 전기문(傳記文), 역사문(歷史文) 등의 예(例)를 용(用) 하야 단순적(單純的), 자연적(自然的)한 조직(組織)으로 된 것이라

  ○ 하목(霞鶩)은 섯거날고
   물과하눌 한빗친제
   소정(小艇)을 글너타고
   여흘목에 나려가니
   격봉(隔峯)에 삿갓쓴노옹(老翁)
   함게가자 하더라    — 김천택(金天澤)

  ○ 산촌(山村)에 눈이오니

돌짝길이 무쳣서라

시비(柴扉)를 여지마라

날차질이 뉘잇스리

밤중만 일편(一片)명월(明月)이

내벗인가 하노라　　　　　　　　　－신 흠(申 欽)


### (2) 산서식(散叙式)

각장(各章)의 연락(連絡)이 없이 된 것이라 그러나 기(其) 문(問)에 일맥(一脈)이 은복(隱伏)하야 전체(全體)를 맺인 것이니 최근의 인상적(印象的) 묘사시(描寫詩)와 같은 것이라


　ㅇ 오동(梧桐)에 우적(雨滴)하니

　　 거문고를 이애는듯

　　 죽엽(竹葉)에 풍동(風動)하니

　　 초한(楚漢)서로 서두는듯

　　 금쥰(金樽)에 월광명(月光明)하니

　　 이백(李白)본 듯하여라　　　　　－서경덕(徐敬德)


　ㅇ 매영(梅影)이 부듸친창(窓)

　　 옥인금차(玉人金釵) 빗겨서라

　　 이삼(二三)분 백발옹(白髮翁)은

　　 거문고와 노래로다

잔(盞)들어 권(勸)하랼적에
　　달이또한 뜨더라　　　　　　　－안민영(安玟英)

### (3) 전제식(前題式)
문두(文頭)에 전체(全體)의 대의(大義)를 내 놓고 후(後)에 그를 연역(演繹)한 것이라.

　○ 부허(浮虛)코 섬거울손
　　그아마도 서초패왕(西楚霸王)
　　깃동 천하(天下)야
　　어드나 못어드나
　　천리마(千里馬) 절대가인(絶代佳人)을
　　누굴주고 니거니　　　　　－조 식(曹 植)

　○ 주인(主人)이 술부으니
　　객(客)으란 노래하소
　　한잔(盞)에 한곡조식(曲調式)
　　날새도록 즐기다가
　　새거던 새술새노래로
　　니어놀녀 하노라　　　　－송종원(宋宗元)

### (4) 후제식(後題式)
초(初), 중장(中章)에는 사물(事物)을 열거(列擧)하다가 종장(終章)에 그를 귀납(歸納)하야 본의(本意)를 사출(寫出)한 것.

　　○ 산외(山外)에 유산(有山)하니
　　　넘도록이 산(山)이로다
　　　노중(路中)에 다로(多路)하니
　　　옐사록이 길이로다
　　　산불진(山不盡) 노불궁(路不窮)하니
　　　님가는대 몰나라　　　　　　　－임 제(林 悌)

　　○ 벼슬을 저마다하면
　　　농부(農夫)될이 뉘잇스며
　　　의원(醫員)이 병(病)고치면
　　　북망산(北邙山)이 저러하랴
　　　아희야 잔(盞)가득처랴
　　　내뜻대로 하리라　　　　　－김창업(金昌業)

(5) 복제식(復題式)

전제식(前題式)과 후제식(後題式)을 합(合)한 것이니 즉(卽) 문두(文頭)에 본의(本意)를 내놓고 문말(文末)에 또다시 기(其) 본의(本意)를 중설(重說)한 것이다.

　　○ 빙자(氷姿)에 옥질(玉質)이여

누은속에 네로고나
가만히 향기(香氣)노하
황혼월(黃昏月)을 기약(期約)하니
아마도 아치고절(雅致高節)은
너뿐인가 하노라            － 안민영(安玟英)


○ 일생(一生)에 한(恨)하기를
태고(太古)쩍에 못난줄이
초의(草衣)를 무릅쓰고
여름따서 먹을망정
인심(人心)이 순후(淳厚) 하든줄
못내부러 하노라            － 조 식(曹 植)

 이 편법(篇法)의 오종(五種)은 산문(散文)에도 쓰는 투식(套式)이오 또한 동서양(東西洋) 문장법(文章法)을 통하여 일반용례(一般用例)로 된 것이니 이로써 보면 시조시(時調詩)의 수사법(修辭法)은 실(實)로 예술(藝術)의 미(美)를 다하여 발달(發達)한 것이니 이로써 시조시(時調詩)는 세계(世界)의 각종(各種) 시법(詩法)보다 우월(優越)한 가치(價値)가 있음을 알 것이다.

## 제4절(第四節) 문체(文體)

문체(文體)는 문장(文章)의 용자(容姿)라 이 용자(容姿)는 국(國)과 시대(時代)와 문류(文類)와 또는 개인(個人)의 풍격(風格)에 좇아 각이(各異)한 것이니 한문에도 서기발문(序記跋文) 등의 60종(種)이 있다하며 서양문(西洋文)에도 라틴체(體), 속어체(俗語體), 학자(學者)체(體) 등 10여종(餘種)이 있다하는 지라 시조시(時調詩)에 있어는 시(詩)된 본질(本質)이니 만큼 문형(文形)이 단소(短少)한 고로 각종(各種)의 문체(文體)를 발견(發見)할 수 없으나 품격(品格)과 어조(語調)의 여하(如何)를 따라 대략(大畧) 오종(五種)으로 되니라.

(1) 고문체(古文體)

단순한 수식(修飾)으로써 소직자연(素直自然)하게 나오며 사어배치(詞語排置)도 또한 공교(工巧)한 노력(努力)을 더하지 아니 한 것이니 삼국시대(三國時代)의 소위(所謂) 향가(鄕歌)의 용자(容姿)로서 간결적(簡潔的) 실용적(實用的)을 취(取)한 것이라 이 체(體)가 근세(近世)와서는 유승(儒僧)인 도학자(道學者)의 일파(一派)가 다용(多用)하니라.

  ㅇ 언충언(言忠言) 행독경(行篤敬)에

주색(酒色)또한 삼가하면
제몸에 병(病)이업고
남도아니 우이려니
행하고 여력(餘力)잇거던
학문(學問)조차 하리라　　　　　　－성석린(成石璘)


○ 당시(當時)에 네던길을
그몟해를 버려두고
어듸가 다니다가
이제라사 도라온고
이제나 오라오노니
년듸마음 마로라　　　　　　－이 황(李 滉)


○ 사람아 사람마다
이말삼을 드르시라
이말삼 곳아니면
사람이오 사람아니니
이말삼 잇지마라로라
배흐고야 마로라　　　　　　－주세붕(周世鵬)


(2) 유림체(由林體)

　어사(語詞)가 정결(精潔)하고 수사(修辭)는 반복완미(反覆玩味)하야 품격(品格)을 주(主)로 한 것이니 이 체

(體)는 실사회(實社會)를 사각(辭却)하고 산림(山林)에 숨어 안저 자연(自然)을 즐겨하는 산림파(山林派)들이 다용(多用)한 것이라.

  ○ 산중에 한운기(閑雲起)오
   수중(水中)에 백구비(白鷗飛)라
   무심(無心)코 다정(多情)하니
   이두것이 내벗이라
   일생(一生)에 실음을닛고
   너를조차 놀니라      - 이현보(李賢輔)


  ○ 청산(青山)이 임벽계(臨碧溪)오
   시내우헤 연촌(煙村)이라
   초당(草堂)에 이심사(心事)를
   백구(白鷗)인들 제가알랴
   죽창정(竹窓靜) 야월명(夜月明)한데
   일장금(一張琴)이 잇나다    - 권호문(權好文)


  ○ 아해(兒孩)야 어구(漁具)찰화
   동간(東澗)녁에 버지거다
   기나긴 낙시대에
   미눌업슨 낙시매자
   저고기 놀나지마라

내흥(興)겨워 하노라　　　　　－조존성(趙存性)


### (3) 우유체(優柔體)

　다언(多言)을 장설(張設)하여 내용(內容)보다 외형미(外形美)를 낫게하며 중속(衆俗)을 알기 쉽게 하니 이는 여조(麗朝)의 칠현파(七賢派) 또는 이태종(李太宗)의 작품(作品)으로 전파(傳播)된 것인바 여성적(女性的)으로서 근일(近日) 신시인(新詩人)이 다용(多用)하는 문체(文體)라.


　○ 헌삿갓 자른되롱
　　삽집허라 호미메고
　　논둑에 물보리라
　　밧기움이 엇더하니
　　삼경(三更)에 보리술박장기(朴將碁)
　　틈업슨가 하노라　　　　　－조현명(趙顯命)


　○ 기러기 다나라가고
　　서리이는 멧번온고
　　추야(秋夜)도 김도길사
　　객수심(客愁心)도 하도하다
　　밤중(中)만 만정명울(滿庭明月)이
　　고향(故鄕)인 듯 하여라　　　　　－조명리(趙明履)

○ 흰구름 푸른내는
　골골마다 잠겼서라
　이슬에 물든단풍(丹楓)
　봄꽃두곤 더조화라
　천공(天公)이 나를위(爲)하야
　산색(山色)꾸며 내도다　　　　－김천택(金天澤)

(4) 도통체(都統體)

대경(對境)을 강인(强認)하고 강어(剛語)를 붙이며 간결(簡潔)한 수식(修飾)으로 쾌활(快活)한 남성적(男性的)의 품위(品位)로 된 것이니 이는 삼국시대(三國時代)의 무사파(武士派)의 사상(思想)으로 나려온 것인 바 여조말(麗朝末)에 최영(崔瑩)의 작(作)으로부터 재흥(再興)한 것이라.

○ 녹이상제 조히맥여
　시내물에 식겨타고
　용천(龍泉) 설악(雪鍔)을
　들게갈아 드러메고
　장부(丈夫)의 위국충절(爲國忠節)을
　세워불가 하노라　　　　－최 영(崔 瑩)

○ 장백산(長白山) 기(旗)를 꽂고

두만강(豆滿江)에 말씻기니
　　석석은 저선비야
　　우리아니 사나희냐
　　엇지타 능연각상(凌煙閣像)에
　　뉘얼굴을 거리리　　　　　　　— 김종서(金宗瑞)


　　○ 벽상(壁上)에 칼이울고
　　　흉중(胸中)에는 피가띈다
　　　살오른 두팔둑이
　　　밤낫즈로 들멕인다
　　　시절(時節)아 도라오거던
　　　왓소말만 하여라　　　　　　— 은사(隱士)

### (5) 포은체(圃隱體)

　어조(語調)에 위력(威力)이 있고 맹열(猛烈)한 감정(感情)에 촉(觸)하여 폭포(瀑布)나 노도(怒濤)같이 표출(表出)하는 것이니 이는 정포은 시(鄭圃隱 詩)로 조술(祖述)한 것이라.

　　○ 가마귀 눈비마자
　　　희는드시 검노매라
　　　야광명 발근달아
　　　밤중인들 어두오랴

님향(向)한 일편단심(一片丹心)야
변(變)할줄이 잇스랴 　　　　　　　　－ 박팽년(朴彭年)


○ 가노라 삼각산(三角山)아
다시보자 한강수(漢江水)야
고국(故國) 산천(山川)을
떠나고자 하랴마는
시절(時節)이 하수상(殊常)하니
올동말동 하여라 　　　　　　　　－ 김상용(金尙容)


○ 흉중(胸中)에 불이나니
오장(五臟)이 다타간다
신농씨(神農氏) 꿈에뵈아
불끈약(藥)을 물어보니
충절(忠節)로 난불이어니
끌약(藥)업다 하더라 　　　　　　　－ 박태보(朴泰輔)


　우(右) 오종문체(五種文體) 외(外)에 다시 고시(古詩)에 나타난 사상(思想)으로 분류(分類)하면 또한 내용율(內容律)의 구별(區別)이 있겠으나 이는 별문제(別問題)라 고로 여기서는 오직 시조시(時調詩)에 의(依)하야 특별(特別)히 발생(發生)한 효과(効果)의 문장법(文章法)만 진술(陳述)함에 그치노라.

# 제6장(第六章) 시조시(時調詩)의 종류(種類)

시조시(時調詩)를 그 재료(材料)와 및 표현형식(表現形式)의 방면(方面)으로써 살펴보면 서양시(西洋詩)의 리리크(Lyric)라는 가(歌) 즉(卽) 음악(音樂)에 합창(合唱)하는 시(詩)로 된 것인바 다시 말하면 고조(高調)되는 감정(感情)이 가창적(可唱的)으로 영출(詠出)하는 서정시(抒情詩)로 된 것이라 그러나 고래 제인(古來 諸人)의 작품(作品)을 조사(調査)하여보면 전연(全然) 작자자기(作者自己)의 주관적(主觀的)으로 표현(表現)한 것 뿐 아니라 객관적(客觀的)으로 사상(事象)을 표현(表現)한 재료(材料)로 한 것도 있다. 고로 조금 자세(仔細)히 구별(區別)하면 사 종(四 種)이 있다. 제1(第一) 서정시(抒情詩)라 이 서정시(抒情詩)중에는 사별(四別)이 있으니

## 1. 애(愛)의 서정시(抒情詩)

이는 군신간(君臣間) 부모형제간(父母兄弟間) 남녀간(男女間) 등의 애 적(愛的) 감정(感情)을 표현(表現)한 것이라.

## 2. 자연(自然)의 서정시(抒情詩)

이는 자연(自然)의 풍물(風物)에 접(接)하여 유발(誘發)되는 감정(感情)과 기분(氣分)을 영출(詠出)한 것이니 고

대(古代)의 시조시(時調詩)는 대개(大概) 차종류(此種類)로 된 것이 대부분(大部分)이다.

### 3. 애상적(哀傷的) 서정시(抒情詩)

이는 사(死)를 도(悼)하거나 별리(別離) 객려(客旅) 기타(其他) 비통(悲痛)한 심정(心情)을 노래한 것이라.

### 4. 반성적(反省的) 서정시(抒情詩)

이는 사색적(思索的) 철학적(哲學的)의 요구(要求)를 다(多) 함(含)한 것이라. 제2(第二)는 서사시(敍事詩)니 이는 객관적(客觀的)으로써 인물(人物)의 행위(行爲)와 상태(狀態)든지 어떤 사상(事象)을 재료(材料)로 하여 묘사(描寫)한 것인데 이 종류(種類)는 많지 않다. 제3(第三)은 서경시(敍景詩)니 이는 자연(自然)의 풍물(風物)을 객관적(客觀的)으로 영출(詠出)한 것인데 흔이는 작자(作者)의 주관(主觀)을 직접(直接)으로 표현(表現)치 않고 어떤 감정(感情)을 거기에 붙힌 것이 있어 구별(區別)이 판명(判明)치 못한 것이 많다. 제4(第四)는 서양(西洋)의 담시(潭詩)같이 (Ballad) 전설(傳說) 물어(物語) 역사적(歷史的) 사건(事件) 등을 재료(材料)로 하야 거기에 작자(作者)의 어떤 관념(觀念)을 붙인 것이라. 그러나 이 역시(亦是) 기(其) 수(數)가 많지 못하다.

시(詩)의 종류(種類)

1. 서정시(抒情詩)

　애(愛)의 서정시(抒情詩)

　자연(自然)의 서정시(抒情詩)

　애상(哀傷)의 서정시(抒情詩)

　반성(反省)의 서정시(抒情詩)

2. 서사시(敍事詩)

3. 서경시(敍景詩)

4. 담시(譚詩)

# 제7장(第七章) 시가사(詩歌史)와 시조시(時調詩)

조선(朝鮮)의 시가사(詩歌史)를 말하면 복잡(複雜)히 보이나 대략(大略) 4기(四期)로 나눈다.

1. 제1기(第一期)는 민요시대(民謠時代)라. 이는 삼국이전(三國以前) 시절(時節)이니 차 시대(此時代)의 실례상(實例上) 문구(文句)가 나오지 아니하였으매 그때 시가(詩歌)의 성질(性質)을 말할 수 없으나 추측(推測)으로 말하면 당시(當時)의 시가(詩歌)는 소직(素直)한 실감(實感)을 정서(情緒)의 구조(口調)에 의(依)하여 발(發)하는 민요(民謠)가 주체(主體)로 되든 때라 할 것이라.

2. 제2기(第二期)는 가도진흥시대(歌道振興時代)라 삼

국시절(三國時節)부터는 문자(文字)의 기사법(記事法)도 생기고 음악(音樂)의 율격(律格)도 차비(差備)되며 겸(兼)하여 심미심(審美心)이 발달(發達)한지라 고로 전대(前代)의 산만(散漫)한 민요(民謠)는 점차(漸次) 예술적(藝術的)으로 발전(發展)되고 또 진보(進步)되니 그 진보(進步)된 예술적(藝術的) 발동(發動)에 따라 가도(歌道)는 우후춘초(雨後春草)같이 진흥(振興)하여 나갈 새 도의적(道義的)의 화랑체(花郞體) 선교적(宣敎的)의 승려체(僧侶體), 실감적(實感的)의 민요체(民謠體) 등이 잡출(雜出)하였다.

3. 제3기(第三期)는 가도쇠퇴시대(歌道衰退時代)라 려조의종등내(麗朝毅宗等內)에 무사(武士)의 등양(騰揚)에 반(反)하여 문사(文士)는 대참운(大慘運)을 봉(逢)하였다. 그로부터 가도(歌道)의 소식(消息)은 적적(寂寂)히 무문(無聞)에 부치고 기(其) 대(代)에 한시가(漢詩歌)의 작풍(作風)이 성풍(盛豊)하였다. 기후(其後)에 간혹(間惑) 신작(新作)의 가(歌)가 나옴이 있으나 기(其) 내용(內容)은 필요(必要) 이상(以上)의 활력(活力)으로 충동(衝動)하여 나타나는 유희적(遊戲的)인 연애설(戀愛說)이며 기(其) 문장(文章)은 음율(音律)에 배합(配合)함을 위주(爲主)하여 동어재창(同語再唱)의 반복법(反覆法) 또는 유어(類語)를 열거(列擧)함에 그치니 한림별곡(翰林別曲), 정석(鄭石), 청산(靑山) 쌍화점(雙花店) 등이 그것이라. 그러

나 기중(其中)에는 운각(韻脚)이 균제(均齊)됨이 있으니 차시기(此時期)에는 이것으로써 일종(一種)의 색채(色彩)를 바친지라. 즉(卽) 기(其) 신작품(新作品)은 하자(何者)던지 운각(韻脚)이 정정(井井)한 율조(律調)로 조직(組織)되었으매 이 운율(韻律)의 신례(新例)만은 전대(前代)보다 진보(進步)된 것이라 할지라 그 운율정제(韻律整齊)의 작용(作用)은 최후(最後)에 이르러 시조시(時調詩)를 발생(發生)함에 사모치니 이것은 즉(卽) 기(其) 쇠퇴기(衰退期)가 부흥(復興)되는 서광(曙光)이리라.

4. 제4기(第四期)는 가도재흥시대(歌道再興時代)니 이는 려조말엽(麗朝末葉)부터 이조일대(李朝一代)에 뻗친 시기(時期)라 전대말조(前代末造)에 시조시(時調詩)가 발생(發生)한 후(後)에 마침 언어기술(言語記述)에 적의(適宜)한 언문(彦文)이 제정(制定)되고 한문예계(漢文藝界)에서는 한문(漢文)으로 악부(樂府)를 작(作)하기 불능(不能)이란 자각(自覺)이 기(起)하며 (유산악부서문(遺山樂府序文), 동인시화(東人詩話), 서포만필(西浦漫筆), 북헌산고(北軒散藁)) 우(又) 일방(一方)으로 고(古) 명현(名賢)의 유적(遺蹟)을 애모(愛慕)하는 관념(觀念) 등의 동기(動機)를 잡아 가도(歌道)가 재흥(再興)함에 나갈 새 그로부터 점차(漸次) 고체(古體)를 모작(模作)하는 풍기(風氣)가 소생(蘇生)하다가 명종시(明宗時)에 대가정송강(大家鄭松江)이 나오고 신상촌(申象村), 박노계(朴蘆溪), 윤고산

(尹孤山) 등 거장(巨匠)이 계기(繼起)하여 시조시(時調詩)의 울흥(蔚興)을 진작(振作)하고 또한 김남파(金南坡), 김노가(金老歌), 량가객(兩歌客)이 출현(出現)하여 달하(達下)의 융창(隆昌)을 이루웠다. 그 전성(全盛)의 뒤를 이어 문(文)의 표현형식(表現形式)이 일진(一進)하여 장가(長歌) 소위(所謂) 가사(歌詞)의 발달(發達)을 촉진(促進)한 동시(同時)에 소설문(小設文)을 합(合)하여 극시(劇詩)가 일어 나남에 미치니라.

시조시(時調詩)의 발생초(發生初)로부터 기(其) 전성(全盛)하기까지에 나온 작품(作品)을 종합(綜合)하여 보면 거개(擧皆) 심리적 사실(心理的事實)을 기초(基礎)로 한 문예품(文藝品)이로되 거기 표현(表現)된 정서(情緖)는 다 사회적(社會的) 충동(衝動)에 둘러온 것이라. 즉(卽) 이래세정(爾來世情) 이 평화(平和)와 소동(騷動)의 선율적(旋律的)으로 발전(發展)될 새 일시(一時)는 태종파(太宗派)의 우유체(優柔體)가 행(行)하고 일시(一時)는 포은파(圃隱派)의 숙열체(熟烈體)가 행(行)하였다. 기외(其外)에 언지부사(言志敷事)로 특별(特別)한 사상(思想)을 표사(表寫)하며 연애희작(戀愛戲作) 등 여러 가지 각촉격발(刻燭擊鉢)의 소사(騷詞)가 없지 아니하나 대체(大體)의 정서발동(情緒發動)에 있어는 우(右)의 2파(二派)가 상호교체(相互交替)함에 불외(不外)한지라 또한 시가전사(詩歌全史)로 보면 시조시(時調詩)가 발생(發生)한

후(後) 오백년 간(五百年間)은 하등(何等)의 신문체(新文體)의 발생(發生)이 없이 거진 단조(單調)로 행(行)하여 체재상(體裁上)으론 보수(保守)한 현상(現象)을 보인지라 그러나 고대(古代)에는 서사(敍事)가 귀(貴)하고 단순(單純)한 순간적(瞬間的)한 감정(感情)을 표현(表現)하는 서정시(抒情詩)가 주장(主張)되매 그 간단(簡單)한 표현(表現)의 형식(形式)은 자연(自然)히 단형(短形)의 문체(文體)를 요구(要求)치 아니키 불가(不可)하니 이것이 시조시(時調詩)의 발달(發達)된 원인(原因)의 일(一)이라 시조시(時調詩)를 주중(主重)하여 옴에 어울려서는 시적(詩的) 예술 상 공작(藝術上工作)은 오로지 일도(一道)로 주(走)함으로써 그 미적 효과(美的效果)를 증진(增進)키 위(爲)한 수단(手段)으로써의 문장법(文章法)이 스스로 상당(相當)한 세련(洗鍊)과 고추(敲推)를 경과(經過)하여 진선진미(盡善盡美)로 발달(發達)하였다. 고로 문장법(文章法)은 시조시(時調詩)로 인하여 성취(成就)되였나니 금후(今後)에 하인(何人)이 하종문(何種文) 하종시(何種詩)를 지어 내던지 시조시(時調詩)의 문장법(文章法) 즉(卽) 사자법(詞姿法)을 효칙(效則)치 아니키 불능(不能)하게 되니라. 시(詩)의 발달(發達)하여온 내맥(內脈)은 상술(上述)과 같거니와 일층(一層)더나가 그 발달력(發達力)을 장양(長養)한 문수(文粹)는 무엇인가 최후(最後)에 이르러 이것을 말하고자 한다. 대저(大抵) 시가(詩歌)는 정(情)을

사(寫)하고 심성(心性)으로 묘(描)하는 것이라. 고로 시조시(時調詩)가 조선인(朝鮮人)의 산물(産物)인 이상(以上) 그것이 조선인(朝鮮人)의 성정(性情)과 긴착(緊着)한 관계(關係)가 있음을 알 것이라. 조선인(朝鮮人)의 성질(性質)은 ① 제일(第一) 화순성(和順性)이라. 평화적(平和的) 무사(武士)의 기풍(氣風)이 있다. 극단(極端)의 참혹(慘酷)한 행색(行色)을 취(取)치 않는다. 백색의(白色衣)를 좋아한 것처럼 순직무잡(純直無雜)하고 충실용진(忠實勇進)으로 직선적(直線的) 행동(行動)을 취(取)하니 고로 수천년(數千年) 문화양식(文化樣式)도 많은 변화(變化)가 없었다. 자래수다(自來數多)한 시체(詩體)를 다 버리고 시조시(時調詩) 일체(一體)만 가장 숭상하여 온 것도 그 성정(性情)의 반영(反映)이다 할지라. ② 조직적(組織的) 정신(精神)이라. 화순성(和順性)은 일방(一方)으로 원만(圓滿)을 취(取)하는 활동(活動)이 있으매 일방(一方)으로 규칙적(規則的) 정리(整理)를 질기는 조직성(組織性)이 있으니 지방자치(地方自治)같은 주밀(周密)한 제도(制度)를 세계(世界)의 선진(先進)으로 선설(旋設)하여온 것도 그 성정(性情)의 발작(發作)이라 고로 시조시(時調詩)의 문장(文章) 급(及) 기(其) 운율법칙(韻律法則)이 상당(相當)한 학적(學的)으로 구성(構成)됨도 이 조직성(組織性)으로 나온 것이라 하노라.

대저(大抵) 예술(藝術)은 수우조(粹又調)라는 것을 잃

어버리고 한갈 형식적(形式的) 또 기교(技巧)로 흐르면 망국적(亡國的) 물이 되는 것이다. 기(棋)를 위(圍)할지라도 좌양(坐樣)과 수양(手樣)에 조(調)가 없이 요두요수(撓頭撓手)에 작란(作亂)같이 하면 실조(失調)오 천태(賤態)라 음악(音樂)과 무용(舞踊)도 다 그렇거니와 도덕(道德)도 무체무의(無體無議)로 실조상절(失調喪節)하면 기국(其國)이 망(亡)하는 것이라. 시조시(時調詩)도 그와 같이 근본정신(根本精神)과 그의 운율(韻律)을 잃으면 아니 되나니 문예가(文藝家)던지 미술가(美術家) 던지 모두 이것을 크게 주의(注意)할 것이니라.

# 자산시선(自山詩選)
― 백육십수(白六十首)

## 제1(第一) 감상(感想)

○ 주(駐)시단가(노지(露地))
　첩첩(疊疊)헌 뭉게그늘, 호장(虎帳)느려 논듯해라.
　임풍(林風)이 뒤집히니, 햇덩어리 움지긴다.
　대조영(大祚榮) 잇든거긔야, 예와엇더 허드냐.

○ 길림츄(吉林秋)
　강파(江波)에 바람치니, 발근달이 구으른다.
　단풍(丹楓)이 서드르니, 도처(到處)마다 낙엽(落葉)이라.
　만리(萬里)에 객(客)의수심(愁心)이 새로수선 허고나.

○ 상해하야(上海夏夜)
　뭇노라 뉘집에서, 호적(胡笛)소리 날니느냐
　바람에 휩쌔드러, 왼상해(上海)에 헤처진다.
　어즈버 여관고침(旅舘孤枕)에, 잠이더처 허노라.

○ 송우귀국(送友歸國)
　먹구름 찬비속에, 술을차고 차저온다.
　명조(明朝)에 군(君)이가면, 이객지(客地)가 더서해라.
　고인(故人)이 나를 뭇거던, 생겸사(生兼死)라 하여라.

○ 북간도(北間島)
　남전(南田)에 조싱거라, 북답(北畓)이냐 모내여라.
　두문동(杜門洞) 이 강산(江山)이, 병주고향(幷州故鄕)
　허다마나.
　우러러 휘파람부니, 하눌어이 만흐냐.

○ 봉우흡이빈(逢友洽爾濱)
　찬바람 만목중(萬木中)에, 만날때가 또잇드냐.
　반(半)우름 반(半)우슴에, 지난일이 꿈도갓다.
　청천(靑天)에 발근달이야, 비처무궁(無窮) 허고나.

○ 평양어(平壤圄)
　원비가 깁헛스니, 짜른밤도 지처길다.

삼년호 오월상(五月霜)이, 내게마처 엇더허냐.
명월은 창쌀에 던저, 고되게도 비친다.

○ 술회(述懷)
심사(心思)가 도들제오, 산(山)에올나 우름이라.
하느닐 아슬제오, 팔을베고 조름이라.
이러섬 지내온지고, 반(半)이반백(斑白) 되랏다.

○ 사방(四方)에 나대더니, 십년(十年)닐이 거품이라.
물미듯 낸생각(生覺)이, 떳다쟁겨 멋차레냐.
우스며 술잔(盞)대(對)허니, 광기(狂氣)압서 나온다.

○ 어려서 세상(世上)닐이, 어려운줄 내몰낫다.
기운(氣運)은 산(山)가트나, 거울보니 백발(白髮)이라.
뉘라서 당차당금(當此當今)에, 을지시(乙支詩)를 지으랴.

○ 이몸이 불끈소사, 혜성(彗星)한번 되여지라.
번적해 쏜살가치, 지구(地球)마처 부듸치리.
우루루 작근소리아, 하회(下回)두고 보리라.

○ 곡박우(哭朴友)
스스로 상(傷)한 신세(身世), 친구(親舊)조차 상(傷)해젓네

맥(脈)업시 넉이업시, 날이 종일(終日) 홀노우니.
밤저녁 천리(千里)구름에 낙화범범(洛花泛泛) 이로세

○ 도박우송(悼朴友松)
박명(薄命)헌 그대 소식(消息), 마음이참 부녕(不寧)코나.
눈물은 허거니와, 판 공론(公論)이 엇더허냐.
탄식(歎息)코 문(門)을 제치니, 지는 달이 기운다.

○ 도이창산(悼李滄山)
천리(千里)가 격(隔)햇스나, 일체(一體)더니 간담(肝膽)이야.
오늘이 잇서하야, 무기별(無期別)이 웬말이냐.
시름을 울어 파(罷)하니, 하늘땅이 푸르다.

○ 도문호암(悼文湖岩)
가마귀 잣짓더니, 호암흑서(湖岩黑書) 오는고나.
하늘도 야속하다, 그대 세월(歲月) 앗단말가.
서루(西樓)에 마른 벼루를, 누가 다시 갈노냐.

○ 경도산묘(經島山墓)
일세대(一世代) 그 명성(名聲)이, 송백(松柏)속에 정녕(丁寧)코나.
다업슨 호소한(虎嘯恨)을, 드테보니 뉘견듸라.

뜬구름 흐르는강(江)에, 산(山)이다시 푸르다.

○ 기마산제우(寄馬山諸友)
　관해정(觀海亭) 노든 그때, 그 세월(歲月)이 아득 허다.
　오고간 풍진(風塵)속에, 가치백발(白髮) 성성(星星)코나.
　다만지 잇지못하긴, 태평양(太平洋)에 돗대라.


## 제2(第二) 람고(覽古)

○ 백두산(白頭山)
　올느자 불함산(不咸山)에, 사대사방(四大四方) 거더보니.
　산첩첩(山疊疊) 수잔잔(水潺潺)에, 사이간간(間間) 집이어니.
　뭇노라 고금(古今)이땅에, 대장부(大丈夫)가 멧치니.

○ 금강산(金剛山)
　첩장(疊嶂)이 하기(奇)헐사, 번화(繁華)도루 쓸쓸허다.
　처처(處處)에 암호(岩戶)마다, 부처들은 웨잇느냐.
　산직(山直)이 잇다업고나, 한사(限死)허고 직힌다.

○ 주몽릉(朱蒙陵)
　주몽릉(朱蒙陵) 차저드니, 장(壯)히으슥 충충허다.

때마침 뇌성(雷聲)번개, 소낙비는 무삼닐가.
당년(當年)에 호령(號令)서슬이, 따는이러 햇서라.


○안시성(安市城)
당(唐)나라 십만장사(十萬壯士), 안시어육(安市魚肉)되단말가.
태종(太宗)이 눈이발가, 구려물정(句麗物情) 다살피나.
엇지타 화살한개야, 아차보들 못햇나.


○낙화암(落花岩)
탄현(炭峴)에 아우성(聲)이, 망해궁(望海宮)에 사시천지(蛇豕天地).
가국(家國)에 무궁한(無窮恨)아, 궁녀(宮女)들이 도차지냐.
낙화암(落花岩) 조수(潮水)위아레, 논하부처 던젓네.


○신라성(新羅盛)
제상(堤上)에 불근영대(靈臺), 치술령(鵄述嶺)에 매운기운(氣運).
건곤(乾坤)이 자추어라, 풍파(風波)이제 천고(千古)지만.
당시(當時)에 계림번창(鷄林繁昌)이, 그그늘이 아니든.

○ 첨성대(瞻星臺)

선천년(先千年) 후천년(後千年)아, 신라성대(新羅盛大) 거림자야.

첨성대(瞻星臺) 인(印)이되야, 치찍으니 별이로다.

구만리 총총드리야, 두구두구 빗친다.


○ 선죽교(善竹橋)

선죽교(善竹橋) 대해보니, 선허고나 포은공(圃隱公)이.

일편(一片)도 그단심(丹心)이, 가실줄이 업다더니.

돌우에 연지한점(點)이, 만세장존(萬世長存) 허거니


○ 술누(戌樓)

장군(將軍)이 간연후(然後)야, 강산(江山)하도 호젓허이.

그배를 다시짓자, 천아성(天鵝聲)아 모도부리.

초목(草木)도 역시(亦是)알니라, 어룡(魚龍)조차 동(動)하리.


○ 압록강(鴨綠江)

물결이 감초앗다, 부여행차(扶艅行次) 찻자니아.

섯도는 쪽구름이, 느진석양 가리워라.

우러러 혼(魂)을을프니, 그냥눈물 흐른다.

○ 청천강(晴川江)
　을지공(乙支公) 한추상(秋霜)에, 수적백만(隋賊百萬) 낙엽(落葉)이라.
　피물결 비린바람, 즈믄해가 새로워라.
　도리켜 원산(遠山)을보니, 무지개가 섯고나.


○ 수양산(首陽山)
　수양산(首陽山) 백이숙제(伯夷叔齊), 굼주리든 고사리야.
　뉘일(日)이 도섭스레, 주우로(周雨露)라 허다던가.
　당대(當代)에 다자라아예, 끼처둔것 이란다.


○ 고소대(姑蘇臺)
　고소대(姑蘇臺) 올나안저, 태백시(太白詩)를 읍노라자.
　한식경 채저녁에, 오강월(吳江月)이 떠오른다.
　저달아 방불(彷彿)도허다, 서시(西施)본듯 허여라.


○ 과장성(過長城)
　영웅(英雄)이 지난자취, 하눌산(山)이 만리(萬里)로다.
　책(冊)으로 성(城)을싸코, 왈(曰)이요순(堯舜) 누구드냐.
　석양(夕陽)에 동방귀객(東方歸客)이, 그냥늣겨 허노라.

○ 박랑사(博浪沙)

　박랑사(博浪沙) 철추(鐵椎)소리, 주사직(奏社稷)이 흔들녀라.
　천하(天下)쇠 몰모랏다, 십이금인(十二金人) 짓더니아.
　웬게냐 창해인간(滄海人間)에, 깃튼쇠가 잇던가.

○ 료양(遼陽)

　호지(胡地)라 추풍(秋風)속에, 뜻이굴너 버성기다.
　장수왕(長壽王) 철기대(鐵騎隊)야, 모라축답(蹴踏) 언제더냐.
　명월(明月)만 남해(南海)바다에, 담아쟁겨 잇고나.

○ 북경(北京)

　별따라 너른천지(天地), 생욕심(生欲心)이 궁구른다.
　공(空)도라 닷는사심, 사냥군들 트는고나.
　우러러 광개토왕(廣開土王)을, 못내거려 허노라.

○ 과대마(過對馬)

　하눌에 금이나니, 검은바다 빗겻서라.
　최장군(崔將軍) 거두호령(號令), 놀난 파도(波濤) 천장(千丈)이라.
　반공(半功)을 쉬여라둔지, 지금(至今)세자 멧해냐.

## 제3(第三) 고가인(古歌引)

○ 황조가(黃鳥歌)

꾓고리 저꾓고리, 끼리쌍쌍(雙雙) 노니레라.
반유무(半有無) 이단신(單身)이, 뉘로가치 도라가랴.
천리(千里)에 일마인간(一馬人間)이, 외노래만 허노라

고구려(高句麗) 유리왕(類利王)의 부비 치희(副妃雉姬)가 원비(元妃)에게 견투(見妬)하야 도거(逃去)한지라 왕(王)이 마(馬)운 책(策)하야 추방(追訪)하다가 부득(不得)하고 수하(樹下)에 좌(坐)하야 황조(黃鳥)의 면면(綿綿)한 태도(態度)를 보고 감작(感作)하니 기본문(基本文)은 사기(史記)에 『편편황조(翩翩黃鳥), 자웅상의(雌雄相依) 염아지독(念我之獨), 수지여귀(誰之與歸)』라 하니라.

○ 여적시(與敵詩)

신책(神策)이 천문(天文)이냐, 묘산(妙算)허니 지리(地理)이냐.
전공(戰功)이 놉흐고나, 족(足)허리라 네그쳐라.
엽공(葉公)이 용(龍)을거린듯, 짐작(斟酌)헐가 허노라.

을지문덕 장군(乙支文德將軍)이 수군(隋軍)을 격파(擊破)할 시(時)에 적장(賊臟)에게 권강(勸降)한 시(詩)니 기본문(基本文)은 여좌(如左)하다.
　신책구천문(神策究天文) 묘산궁지리(妙算窮地理)
　전승공기고(戰勝功旣高) 지족원운지(知足願云知)

○연양곡(延陽曲)
　장부(丈夫)가 옥쇄(玉碎)언정, 넉히어이 와전(瓦全)하랴.
　이몸이 태여지건, 하눌밋게 태여지랴.
　화광(火光)에 떠서가다가, 해에드러 놀니라.

　연양(延陽) 지방(地方)에 일 평민(一平民)이 잇서 세력자(勢力者)에게 수용(收用)이 되 얏스매 피(彼)는 비상호천(飛霜呼天)의 원정(冤情)을 품고 신(身)을 분화(焚火)에 비 (比)하야 기위(旣爲) 사용(使用)될 시(時)는 녕(寧)히 대용(大用)에 공(貢)하랴하고 자탄가(自歎歌)를 창(唱)한 것이라.

○명주가(溟洲歌)
　명주(溟洲)에 니는추파(秋波), 서창(書窓)압헤 흘너든다.
　월하정(月下情) 은근허자, 절계기약(折桂期約) 더조코나
　조장(祖帳)에 둘이심사(心思)야, 둘이서만 알니라.

　엇던 서생(書生)이 명주(溟洲)에 유학(留學)하다가 일미인(一美人)과 애정(愛情)을 결(結)하고 등과(登科)로써

약(約)하고 이별(離別)한 가(歌)다.

o 지리산(智異山)
 지리산 조타허나, 험(險)헌길이 천지(天地)니라.
 용누전(龍樓殿) 구름속이, 숭광(崇光)이사 홀난허나.
 우낙(雨落)에 불상천(不上天)허기, 예사(例事)거긔 아 닌가.

 구례(求禮)의 일 미인(一美人)이 잇서 덕(德)과 색(色)이 저명(著名)한지라 백제왕(百濟王)이 흠(欽)하야 납(納)코저 하니 녀(女)가 가(歌)를 작(作)하야 저사(抵死)코 거절(拒絶)한 것이라.

o 선운산(禪雲山)
 천일(天一)우(隅) 저달빗이, 외따로도 비치고나.
 내 수심(愁心) 저달속에, 던저주어 부치노라.
 활활이 바람에따라, 성보남(成堡南)에 곳대라.

 장사인(長沙人)이 종군(從軍)하야 과한(過限)토록 불귀(不歸)하매 기처(其妻)가 선운산(禪雲山)에 등(登)하야 기대(期待)하며 작(作)한 것이라.

○도솔가(兜率歌)

　월성(月城)에 달기운다, 대진한(大辰韓)이 발갓슨제.

　거서간(居西干) 은혜(恩惠)삿다, 부국강병(富國强兵) 새뤄가네.

　이바더 북두남극(北斗南極)아, 만세만세(萬歲萬歲) 만만세(萬萬歲).


　신라초(新羅初)에 발생(發生)한 송덕가(頌德歌)라.


○죽수가(竹樹歌)

　사체산(師彘山) 저눈속에, 휘여젓다 대나무야.

　굽저워 쓰러진채, 독야청청(獨也青青) 푸르고나.

　뉘라서 죽수고절(竹樹高節)은, 곳다고만 허드냐.


　신라(新羅) 물계자(勿稽子)가 누차(屢次) 전공(戰功)을 입(立)하나, 등용(登用)함을 부득(不得)함으로써 사체산(師彘山)에 은(隱)하야 의(意)로써 죽수(竹樹)의 성병(性病)에 탁(托)하야 가(歌)한 것이라.


○우식곡(憂息曲)

　죽을때 죽어야만, 방가위지(方可謂之) 죽엄이니.

　살닐에 살지안컨, 사람이라 어이하리.

　살거니 죽거니따는, 의리(義理)하나 뿐이니.

보성왕(寶聖王)이 박제상(朴堤上)의 충의(忠義)를 감탄(感歎)한 동시(同時)에 제상(堤上)의 여(女)를 위로(慰勞)하야 작 한 것이라.

○ 치술령곡(鵄述嶺曲)
절해(絶海)에 슬픈바람, 치술령에 꼿이젓다.
월색(月色)도 모호(模糊)코나, 천지영영(天地盈盈) 눈물이라.
세상(世上)에 타누비(墮淚碑)하니, 이외(外)다시 잇스랴.

박제상(朴堤上)의 처(妻)가 치술령(鵄述嶺)에 순정(殉貞)하매 국인(國人)이 그를 애모(哀慕)하야 작(作)한 것이다.

○ 목주가(木州歌)
노화(蘆花)옷 엇더허랴, 어순(魚笋)차저 사려하야.
양지(養志)도 다해오나, 아직 정성(精誠) 바트고나.
내무슨 효(孝)치사허랴, 쌍당안심(雙堂安心) 원이라.

일 효녀(一孝女)가 극력(極力)하야 부(父)와 계모(繼母)를 봉양(奉養)하나 기친(朞親) 이 종내불약(終乃不藥)하는 고로 원호(怨號)한 것이라.

○ 장한성(長漢城)
생(生)니치(齒) 끈허저라, 썩은부심(腐心) 몟해드냐.
철우(銕牛)가 인제쉰다, 노반제(魯班梯)를 거더두자.
장한성(長漢城) 차진오늘에, 천지다정(天地多情) 허고나.

신라(新羅)가 장한성(長漢城)을 고구려(高句麗)에게 실(失)하엿다가 급기(及其)회복(回復)하매 국인(國人)이 희(喜)하야 개선가(凱旋歌)로 작(作)한 것이라.

○ 실혜가(實兮歌)
이사(李斯)를 네아느냐, 굴원(屈原)이도 골라수(汨羅水)니.
승점(蠅玷)과 황화소(黃花笑)가, 부터예로 예상(例常)사(事)니.
지금(只今)에 나의냉림(冷林)야, 서해무삼 허자리.

진평왕(眞平王) 시(時)에 상사인실혜(上舍人實兮)가 성품(性品)이 강직(强直)하야 외직(外職)으로 출(出)할 새 실혜(實兮)가 그를 관심(關心)치 아니한다 함을 영(咏)한 것이라.

○ 양산도(陽山途)
양산도(陽山途) 달무리냐, 해를밧듯 김장군(金將軍)아.

풍우(風雨)도 놀나엿다, 눈물흘녀 만인(萬人)이라.
몸뒤에 그일홈이야, 아적녁이 천고(千古)라.

왕손 김흠운(王孫 金歆運)이 양산(陽山)에서 전사(戰死)하니 시인(時人)이 기 장절(其壯節)을 모(慕)하야 만가(挽歌)로 작(作)한 것이다.

○동경곡(東京曲)
무사(武士)가 수구하니, 산하(山河)가다 장(壯)허고나.
봉황(鳳凰)이 나라드니, 나라광채(光彩) 오색(五色)이라.
백념(百念)이 가든해지니, 더욱태평(泰平) 허여라.

신라성시(新羅盛時)에 국인(國人)이 구가(謳歌)한 것이라.

○천관원(天官怨)
엊그제 부용화(芙蓉花)가, 오날무단(無端) 단장초(斷腸草)라.
길닉어 차저온말, 외히려라 무슨죄(罪)냐.
울다가 다시바래니, 태행산(太行山)이 뵈나다.

김유신(金庾信)이 소시(少時)에 천관녀(千官女)에게 혹(惑)하니 기모(其母)가 엄계(嚴戒)한지라. 신(信)이 일일(一

日)은 욕주귀가(欲酒歸家)할 새 마(馬)가 스스로 여가(女家)에 지(至)하니 신(信)이 대각(大覺)하야 마(馬)를 참(斬)하고 귀(歸) 하니 녀(女)가 원(怨)하야 가(歌)한 것이라.

○이견대(利見臺)
　북해(北海)에 싸힌눈을, 네가먹어 다햇느냐.
　다정(多情)이 무정(無情)이라, 만나보니 할말업다.
　다만지 두견(杜鵑)소리를, 귀에담아 두어라.

○기이(其二)
　춘계수(椿桂樹) 우거진데, 이견대(利見臺)야 반갑다니.
　멧븜을 지내연고, 상사리도 만치마니.
　숫먹은 반(半)벙어리라, 속말어이 허오리.

　신라왕 부자(新羅王父子)가 서로 애사(愛思)하다가 급기(及其) 상봉(相逢)에 화락(和樂)하야 이견대(利見臺)를 설(設)하고 부자(父子)가 상가(相歌)한 것이라.

○신회가(神會歌)
　포석정(鮑石亭) 줄풍락(風樂)이, 귀에쟁쟁 멧칠이냐.
　거친성(城) 정근날에, 달이사람 찾는고나.
　한숨이 나오다못해, 노래대신(代身) 나온다.

고려건설(高麗建設) 후(後)에 아간신회(阿干神會)가 신라도성(新羅都城)에 과(過)하 다가 회고(懷古)한 것이라.

○ 금강성(金剛城)
건곤(乾坤)이 차려지니, 금강성(金剛城)이 당당(堂堂)허다.
각도상(閣圖像) 늠늠(凜凜)이오, 우리든든 철벽(鐵壁)이라.
뇌정(雷霆)을 꾸지저헐제, 만국여서(萬國如鼠) 허여라.

○ 기이(其二)
은병(銀甁)에 새긴거림, 우리지도(地圖) 통보(通寶)로다.
별아레 꼬진동표(銅表), 강산(江山)아니 구더우냐.
우리라 검기혈성(劍氣血誠)은, 더욱탕탕(蕩蕩) 허여라.

○ 기삼(其三)
들며는 농사(農事)로다, 나가며는 무사(武士)로다.
죽창(竹槍)과 석기(席旗)라도, 고려남아(高麗男兒) 활개니라.
하늘이 문허저헌들, 임전무퇴(臨戰無退) 이즈랴.

육군가(陸軍歌)라 고려시(高麗時)에 결단(契丹)이 입구(入寇)한 후(後)에 현종시(顯宗時)에 금강성(金剛城)을 신책(新策)하매 국인(國人)이 희가(喜歌)한 것이라.

○ 장생포(長生浦)
백장파(百丈波) 치는물결, 만척군함(萬隻軍艦) 내닷는다.
복치듯 방포(放砲)소리, 천지신(天地神)도 고고해라.
국기(國旗)가 소사뜬고데, 승전가(勝戰歌)가 들녀라.

○ 기이(其二)
파랑(波浪)을 멍에한다, 제진(梯陣)치며 나는몽충(蒙衝).
기치(旗幟)가 으리하니, 뇌정(雷霆)가튼 서슬이라.
거림자 비처만해도, 적병(敵兵)얼신 업고나.

○ 기삼(其三)
장생포(長生浦) 저믄날에, 투구베고 잠을잔다.
순령수(巡令守) 호령(號令)소래, 벌덕이러 창(劍)을드자.
새벽달 구는물결에, 배가직근 하더라.

해군가(海軍歌)라 류탁(柳濯)이 해전(海戰)에 적(敵)을 탕척(蕩斥)하니 기후(其後) 적(敵)이 류장군(柳將軍)의 영자(影子)만 보아도 도거(逃去)하매 군인(軍人)이 희(喜)하야 가(歌)한 것이라.

○ 원흥곡(元興曲)
　도라온 아장기(牙檣旗)야, 천애(天涯)바람 수구로다.
　술잔(盞)에 산색(山色)뜨니, 미려(尾閭)바다 어이트냐.
　깃븜에 부댁겨허니, 달이품에 들온다.

　원흥인(元興人)이 선(船)을 승(乘)하야 행상(行商)으로 나갓다가 무사(無事)히 귀래(歸來)하매 기(其) 부인(夫人)이 희가(喜歌)한 것이다.

○ 월정화(月精花)
　노장(路墻)에 연(蓮)꽃피니, 노장(老長)중도 부나비라.
　백옥수(白玉手) 드는술잔(盞), 백만은(百萬銀)도 가븐허다.
　성(盛)허다 청루(靑樓)속에는, 성인호걸(聖人豪傑) 만코나.

　월정화(月精花)는 진주기생(晋州妓生)이라 위제만(魏齊萬)이 심혹(甚惑)하니 기부인(其夫人)이 병사(病死)한지라 고로 읍인(邑人)이 당시(當時) 폐풍(廢風)을 풍유(諷諭)한 것이라.

○ 사리화(沙裏花)
　빈병(甁)에 술따르며, 마른낭게 꽃이피라.

의식(衣食)이 족(足)해저야, 예의염치(禮義廉恥) 아느니라.
창생(蒼生)이 사리화(沙裏花)되면, 악(惡)이 악심(惡心) 뿐이다.

백성(百姓)이 부감(賦歛)에 인(因)하고 또 호강자(豪强者)에게 약탈(掠奪)함이 만하 농사(農事)가 일체사중(一切沙中)의 화(花)를 불면(不免)이라 고로 백성(百姓)이 비(比)를 탄원(歎冤)한 것이라.


## 제4 (第四) 풍물(風物)

○ 신년(新年)
책력(冊曆)이 갈녀지니, 해가설시(設始) 설이로다.
물물(物物)이 자락(自樂)이오, 만사(萬事)가 다 생기(生氣)난다.
오늘은 고금동(古今同)이니, 천지생일(天地生日) 아닌가.

○ 춘광(春光)
땅쓸고 향(香)부처라, 난간(欄干)엽흘 다가안짜.
대(臺)아레 저앵화(櫻花)야, 봄도자랑 한창이라.

뒷동산 마냥송풍(松風)은, 운(韻)이수수 허고나.

○ 우(又)
꼿보자 글으드니, 글구절(句節)도 향기(香氣)로세.
밤드자 술을드니, 술잔(盞)속에 달이뜨네.
저하눌 한장사진(寫眞)에, 이운치(韻致)를 박히세.

○ 전춘(餞春)
눈가치 드는낙화(洛花), 연파중(烟波中)에 가득허다.
오십(五十)에 춘광(春光)이오, 어이구러 지내연고.
이어라 연년종적(年年蹤迹)은, 대견허다 백발(白髮)만.

○ 취우(驟雨)
대경(大鏡)비(飛) 번개속에, 소낙비도 기이(奇異)코나.
천동(天動)을 대(對)마치며, 뛰는구슬 엇더허냐.
날드자 구름뿌리에, 산(山)이 윤택(潤澤) 허고나.

○ 추음(秋吟)
기러기 바람타니, 한소리가 나라간다.
명월(明月)이 낭게뜨니, 찬거림자 움지긴다.
풍경(風景)이 창(窓)에들어오니, 시(詩)가자랑 허나다.

○ 우수수 추풍(秋風)이야, 뜰에낙엽(落葉) 설거진다.

보든책(冊) 비켜둬라, 고처안저 부앙(俯仰)허자.
이어라 창전상우(窓前山雨)야, 밤이랑랑(浪浪) 허고나.

○ 설후산보(雪後散步)
찬바람 물리치니, 술이공(功)을 치사(致謝)헌다.
석장(錫杖)을 후리들고, 청량리(淸凉里)로 떨처가자.
청혜(靑鞋)가 인(印)치는고데, 제일흔적(第一痕跡) 이로다.

○ 동야사(冬夜思)
월백(月白)코 설백(雪白)코야, 천지백(天地白)이 백천지(百千地)라.
봉창(蓬窓)이 내강산(江山)아, 덩두려시 안젓서라.
어즈버 등잔(燈盞)압히야, 우쥬(宇宙)마음 이로다.

○ 거믜줄
우읍다 거믜줄아, 네경륜(經綸)을 내몰나라.
오종총 인사망(引絲網)이, 골고루도 허건마나.
엇지타 왕(王)벌은노코, 쉬파리만 채느냐.

○ 명월명(月明月)
저달아 떳다보자, 네생애(涯)도 새운지고.
한하눌 장장공(長長空)을, 차지혼자 허단말가

둥그라 니지러지라, 제제풀에 다니네.

○ 장안사(長安寺)
느진절 공(空)산중에, 종(鍾)소리가 모히나다.
일주향(一住香) 차저들어, 제천운(諸天雲)을 살피니아.
은근이 중의 염불(念佛)야, 혜성가(彗星歌)도 갓고나.

○ 몽기(夢記)
십만병(十萬兵) 탄탄모라, 천리호성(千里胡城) 드리첫다.
야삼경(夜三更) 창(窓)머리야, 깨니일장(一場) 혼영(魂營)이냐.
추풍(秋風)만 우수수로다, 비소리와 갓고나.

○ 효종(曉鐘)
골안개 새벽단림(檀林), 중이둥뎅 종(鍾)을친다.
종(鍾)소리 떨어지자, 동(東)부시시 트노매라.
저중아 개동(開東)열쇠를, 네가징겨 잇고나.

○ 조양(朝陽)
동(東)트자 해가뜬다. 아침경(景)이 엇더허냐.
천산(千山)은 만산(萬山)에는, 불야불이 낫듯해라.
잔별아 채남은달은, 쫏겨물너 가더라.

○ 하이박사혼(賀李博士婚)

건곤(乾坤)이 등극(登極)헌듯, 인간제일(人間第一) 호광(豪光)이라.

봉황(鳳凰)이 넘노는듯, 만당서기(滿堂瑞氣) 무던허다.

하필왈(何必曰) 삼배(三盃)만이랴, 백복근원(百福根源) 이로다.


○ 이무능생일(李無能生日)

별빗치 날니나니, 인자수(仁者壽)를 보노매라.

주파(酒波)는 춘강(春江)이오, 백화영(百花榮)은 풍락(風樂)이라.

세월(歲月)을 논(論)니겨허니, 잔(盞)이수(數)가 업고나.


○ 무궁화(無窮花)

무궁화(無窮花) 피는빗챠, 가을마치 봄마치라.

이꼿아 연(連)해 차차(次次), 천지무궁(天地無窮) 퍼지소라.

이몸도 너한양(樣)조차 억조화(億兆化)로 놀니라.


○ 백발(白髮)

백발(白髮)아 무러보자, 네그어이 쇠엿느냐.

청춘(靑春)에 부푸머리, 더리온듯 검어타니.

풍풍우(風風雨) 반(半)이백년(百年)에, 조히정(淨)히

씨섯네.

○종률(種栗)

팔십(八十)에 파파노인(老人), 율(栗)밤씨를 심노란다.

아해(兒孩)들 웃고말이, 언제따서 자시려나.

아닐세 후제(後際)이후제(後際), 제네들이 허더라.


## 제5(第五) 방언(放言)

○반성(反省)은 수리(修理)니라, 완전인(完全人)을 조성(造成)헌다.

각성(覺醒)은 발명(發明)이라, 새인물(人物)을 창조(創造)헌다.

바보와 고인의견(古人意見)은, 정정(訂正)헐수 업서라.

○쓰는쇠 녹이나랴, 괴인물이 구저진다.

태평(泰平)과 한유(閒遊)가다, 묵전(錢)이오 유수(溜水)니리.

운벽(運甓)을 일삼아헌다. 도간(陶侃)이를 우스랴.

○손으로 손을씻고, 몸으로 몸을쓴다.

제일은 제가허고, 신(辛)여의뢰(依賴) 행(行)치마라.

햇발은 해바른데로, 드리비처 들온다.

○ 장산(壯山)이 소사나니, 평지(平地)자바 바처잇다.
수음(樹陰)이 우거지니, 기지모여 역여젓다.
백지(白紙)도 맛들나허니, 그말이참 올코나.

○ 희망(希望)에 드러서란, 바보라도 영리(怜悧)허니.
정의(正義)에 나가서란, 약자(弱者)라도 용감(勇敢)허니.
실수(失守)는 반병신(半病身)이오, 낙심(落心)이 즉(卽) 천치(天痴)니.

○ 삼오야(三五夜) 매번(每番)와도, 달은번번(番番) 둥그더라.
억만년(億萬年) 지내가도, 산(山)은내내 푸르더라.
엇지라 인간행색(人間行色)은, 형형색색(形形色色)이라든.

○ 노인(老人)이 죽다더냐, 약(弱)한자(者)가 죽느니라.
백사(百事)를 다제치고, 강(强)해저라 당부허자.
자고(自古)로 선(善)이란 선(善)도, 강자(强者)제헤 아닌가

## 제6(第六) 객려(客旅)

o 시단가(노지(露地))
 거친데 던지기를, 만사(萬死)로다 일곱해라.
 철마(鐵馬)가 머무르니, 북두성(北斗星)이 갓갑구나.
 언제나 챗죽을돌나, 세검정(洗劍亭)에 놀게냐.

o 장군(將軍)이 범을보니, 한화살이 떠러진다.
 장부(丈夫)의 군시름이, 가실적이 업느니라.
 일신(一身)이 부서진땅에, 게서한번 웃는다.

o 간도행(間島行)
 산(山)설고 물도선데, 집팽이가 벗이로다.
 오늘밤 던저자긴, 모르노라 뉘집이냐.
 황량(荒凉)헌 만리(萬里)벌판에, 계견성(鷄犬聲)도 업구나.

o 북경행(北京行)
 장풍(長風)을 멍에하야, 북경(北京)으로 드러간다.
 두우(斗牛)가 꾀여지고, 땅이 주름 잡는구나.
 기적(汽笛)이 정(停)에 임(臨)허니, 전성진동(電聲震動) 허여라.

ㅇ아해(兒孩)로 술불느고, 놉흔루(樓)에 안저허자.
황천(皇天)이 야색(夜色)얼너, 밧부게도 핍박(逼迫)이라.
별들은 삼라만상(森羅萬象)에, 서로격마(擊磨) 하나다.

ㅇ상해행(上海行)
산하(山河)가 부서지니, 낙엽풍(落葉風)이 드리날녀.
신세(身世)가 떠도르니, 비가배를 휘두둘겨.
황포(黃浦)야 생면(生面)첨이나, 고향(故鄕)인듯 허구녀.

ㅇ기라장(綺羅場) 향(香)틔끌에, 오극(五極)이다 환영(幻影)이라.
이목(耳目)을 써하야는, 저신공(神功)이 번(煩)거허다.
차마(車馬)가 들네는것은, 동서남북(東西南北) 사람야.

ㅇ미주행(美洲行)
영락(零落)헌 몸을거더, 굴너미주(美洲) 건너간다.
머나먼 저언덕에, 어느때나 대지느냐.
만경파(萬頃波) 허허바다에, 한건곤(乾坤)이 돗대라.

ㅇ일엽(一葉)에 부친몸이, 천애망망(天涯茫茫) 나비낀다.
수궁(水宮)이 열사흘에, 봉창(篷窓)꿈이 그어데냐.
한반(半)은 한양성(漢陽城)이오, 또한반(半)은 집이라.

○ 방정위당(訪鄭爲堂)
　이장안(長安) 번화(繁華)헌데, 홀로문(門)을 다처잇다.
　소리내 차저드니, 딴세상(世上)이 먼듯허다.
　첩첩(疊疊)히 만서(萬書)수풀에, 한천하(天下)가 집구나.

○ 적으나 부신(負薪)속에, 용치(龍齒)차저 무엇허랴
　백층루(百層樓) 압히채나, 향일(向日)에야 대수(大數)되랴.
　밤중(中)만 서리핍박(逼迫)에 두사람이 차구나.

신라시(新羅時)에 충공(忠恭)이 두문불출(杜門不出)하고 용치탕(龍齒湯)을 복(服)한 일이 잇다.

○ 향기(香氣)가 은근허니, 금유자(金柚子)가 자랑이라.
　시서(詩書)를 의논(議論)허니, 고현인(古賢人)을 보노매라.
　담소(談笑)가 오래자허니, 밤이다시 옴긴다.

○ 승가사(僧伽寺)
　위태(危殆)헌 바위엽헤, 한절간이 매달넛다.
　절내력(來歷) 무러보니, 안진부처 말업구나.
　홈통(筒)에 흐르는샘이, 대신(代身)얘기 헌대나.

○ 하눌에 솟은비봉(碑峯), 다다른채 신라세상(新羅世上).
　구름이 머흔구렁, 헤허러진 북한산성(北漢山城).
　풍경(風景)이 탐(貪)지기커냥 야격허다 내심장(心腸).

○ 적적(寂寂)헌 마른낭게, 가마귀는 웨짓느냐.
　천고(千古)로 조차온일, 다른날이 서위허다.
　더구나 노는사람이, 늑는것을 어이랴.


## 제7(第七) 술회(述懷)

○ 병여(病餘)
　서재(書齋)에 병(病)치례야, 군심사(心思)도 어지럽다.
　호흡(呼吸)이 저그나마, 이(利)로운듯 열녀지나.
　마음을 붓드러허리, 무에단감(甘)게 잇느냐.

○ 술에는 객기(客氣)난다, 모름지기 사양(辭讓)허고.
　바둑은 애가씐다, 감(敢)히당겨 탈수업고.
　오지기 시회(詩懷)가잇서, 이리저리 읍노라.

○ 구정소감(舊正所感)
　음력(陰曆)을 다실태나, 나는홀로 조토소라.
　늘근몸 고로(苦勞)우니, 남은해를 앳겨허랴.

일년(一年)에 두번설이면, 내세월(歲月)이 빠를나.

○중희(重喜)냐 참새들은, 눈에나려 잘두논다.
책상(冊床)에 한매화(梅花)는, 거림자가 성기여라.
멀니곰 눈드러보니, 양옥(洋屋)집도 흔허다.

고려시(高麗時)에 중희오잠(重喜吳潛) 등이 몽고인(蒙古人) 행세(行世)하고 부귀(富貴)했다.

○귀발기 남은주정, 도소주(屠蘇酒)에 덧취(醉)해라.
미친듯 조호(粗豪)허다, 주먹어이 들니느냐.
적설(積雪)이 내리눌너라, 한양성(漢陽城)이 무겁다.

○인심탄(人心歎)
금세(今世)인(人) 내아닌데, 금세(今世)걱정 괘니헌다.
속에다 품은것은, 별(別)다른게 업지마는.
인심(人心)이 쇠(衰)느려가니, 장래(將來)애가 써저라.

○손빠닥 뒤제치자, 구름되고 비가된다.
한눈을 파기밧바, 돈거림자 굴너간다.
이전(前)의 의리염치(義理廉恥)는, 흑과가치 버리나.

○정녕(丁寧)코 천재(天才)라도, 왕소군(王昭君)이 몇

멎치며.
한집안 동기(同氣)간(間)도, 진육경(晉六卿)이 바로
되며.
당초(當初)에 백수구교(白首舊交)도, 서로안검(按劍)
헌다녀.

○ 을파(乙巴)손 고구려(高句麗)라, 미태공(美太公)은 줏
나라니.
각하(脚下)를 굽어보자, 전공(全空)이라 이세상(世上)이.
딱허다 누가만년(萬年)아, 이를위(爲)해 꾀허리.

○ 석양사(夕陽思)
송림(松林)에 황혼(黃昏)이라, 비흔적(痕跡)이 갓지
낸다.
느진볏 산(山)에기대, 돌석벽(石壁)을 번드겨라.
생각(生覺)도 반조(返照)냥하야, 도라비처 나온다.

○ 백발(白髮)을 쓰다듬자, 어느세월(歲月) 지냇드냐.
목침(木枕)을 도두허자, 인(因)헌병(病)에 조용허다.
소요(騷擾)도 아슬헌때라, 문(門)을 일직 지처라.

근일(近日)에 강도(强盜) 소문(所聞)이 잇다.

○ 추사(秋事)
　추풍(秋風)이 건듯부니, 새생기운(生氣運) 절로난다.
　나는듯 산(山)에올나, 경치(景致)사냥 허돗다가.
　달타라 다시나려와, 밤에독서(讀書) 허노라.

○ 우음(偶吟)
　꿈가치 도라가니, 천리(千里)길도 갓가우니.
　정(情)다히 권(勸)허자니, 한잔(盞)술로 깁흐거니.
　만사(萬事)가 대중잇느니, 맘이대중 이라니.

○ 먹줄이 곳다더냐, 먹이드러 속이검다.
　거죽만 거저보고, 속을미더 속지마라.
　세상(世上)에 대라먹줄이, 대체(大體)보자 얼마니.

○ 매국화(梅菊花) 철다르나, 피기야다 춘색(春色)이니.
　천강수(川江水) 골다르나, 가는데야 한바다니.
　두어라 시(是)나 비(非)나다, 그게건가 허노라.

○ 만이일몽(挽李一夢)
　묵은비 어둔속에, 그대일몽(一夢) 소식(消息)이야.
　간담(肝膽)이 기울닌다, 예양(豫讓)눈에 선허구나.
　첨하(簷下)에 풍경(風磬)소리야, 뻬가울녀 울녀라.

○ 도신단제(悼申丹齊)
　문성(文星)이 떨어지니, 하눌빗이 뒤집힌다.
　호지(胡地)가 야대(夜臺)되야, 신단재(申丹齋)가 가단말가.
　사람이 요요(擾擾)헌중(中)에, 한(恨)이한(限)이 업구나.

○ 곡이우당(哭李友堂)
　기(奇)허기 홀연(忽然)이라. 바람비가 놀내구나.
　뜻으로 형(形)을수구, 그너무도 빼압흐다.
　목메여 흐르는눈물, 흘기어이 마르랴.

○ 조금응집군(吊金應集君)
　약령(弱齡)에 어이하야, 나비 몸이 가벼우냐.
　인간수(人間壽) 명(命)이래나, 그총명(聰明)이 아처룹다.
　창경(蒼扃)을 우러러허니, 볏누명명(冥冥) 허구나.

○ 사이남강(思李南岡)
　형(形)이저 버린날에, 령(靈)이표(表)해 동상(銅像)이라.
　평생(平生)에 그소식(素識)을, 누가아니 늣겨허랴.
　우러러 끼친지업(志業)을, 못내사모(思慕) 허노라.

## 제8(第八) 풍경(風景)

○ 야춘(冶春)
　화단(花壇)에 기(奇)헌재조(才操), 하늘솜씨 빼아섯다.
　옥(玉)구슬 백(百)가지오, 불근홍(紅)은 천점(千点)이라.
　버들에 우는새들은, 분수(分數)외도 조쿠나.

○ 하일(夏日)
　녹음(綠陰)에 안저보니, 경치(景致)절로 벗이로다.
　화단(花壇)에 새발자죽, 창태(蒼苔)우에 인(印)을친다.
　남산(南山)에 수레구름은, 비를싯고 오더라.

○ 가물은 불을집혀, 왼하눌을 살나낸다.
　햇살은 쇠를녹여, 시루속에 떠러진다.
　여간(如干)해 부채바람이, 어름세상(世上) 만들냐.

○ 발벗고 가심풀고, 산정자(山亭子)에 누엇서라.
　스스로 내평생(平生)에, 무슨낙(樂)이 잇슬만아.
　유월천(六月天) 이때여긔서, 제일교인(第一驕人)인
　이로다.

○ 다정헌 푸른달이, 난간(欄干)으로 하내로다.
　안전(眼前)에 가린생각(生覺), 거더치자 어데두랴.

귓돌이 네마타가저, 밤새도록 을퍼라.

○ 찬바람 낙엽(落葉)이라, 뜰이굴너 너그럽고.
  십리(十里)에 강(江)소래라, 흰모래로 다라나고.
  백학(白鶴)은 시정(詩情)을걸고, 벽공(碧空)으로 대더라.

○ 설경(雪景)
  천지(天地)가 움지긴다, 설파랑(雪波浪)이 이러난다.
  풍진(風塵)이 급(急)허구나, 세상(世上)사람 다늑는다.
  시경(詩景)은 이게조쿠나, 홍(興)이격앙(激昂) 허여라.

○ 설월(雪月)이 뜰에차니, 노는사람 눈이로다.
  장송(長松)이 빼내지니, 대의절사(大義節士) 가심이라.
  찬바람 비슈(匕首)가트니, 장사간(壯士肝)이 아닌가.

○ 뒤범벅 함박눈아, 차제(次第)업시 퍼붓는다.
  아득헌 장안(長安)안에, 술집문(門)을 찻노라자.
  어해라 수표(水標)다리에, 한 외투(外套)가 차구나.

○ 나뭇속 깁흔산당(山堂), 싸힌눈이 옹위(擁衛)햇다.
  서탑(書榻)에 대(對)해안저, 글의심(疑心)을 글너보자.
  한줄기 활(活)헌등(燈)불이, 만고(萬古)마음 이로다.

○ 제석(除夕)
　내일(來日)이 새로오면, 이오늘이 태고(太古)로다.
　손꼽아 헤여보니, 오천년(五天年)이 어제갓다.
　세월(歲月)이 살가튼줄을, 오늘이사 알괘라.


○ 금강산(金剛山)
　태평양(太平洋) 띄야바야, 조화(造化)모타 묵것느냐.
　만(萬)에도 이천봉(二天峯)이, 가추새겨 빼내젓다.
　비로봉(毘盧峯) 올나서보니, 산(山)이다시 없구나.


○ 해인사동구(海印寺洞口)
　난산(亂山)이 첩첩(疊疊)헌데, 굽은길이 정(淨)허구나.
　청(靑)푸른 소나무야, 바람비에 배부르다.
　석양(夕陽)에 나는종(鍾)소릭, 반(半)이하눌 이러라.


○ 지리산(智異山)
　하늘을 다라노코, 옥야천리(沃野千里) 젯더리라.
　수풀도 궁진(窮盡)커니 세상(世上)씻자 물소래라.
　만학(萬壑)이 호홉 허느냐, 구름둥둥 떠진다.


○ 용루일일(龍樓一日)
　용루(龍樓)에 홀로누어, 휘파람또 노래허니.
　석양천(夕陽天) 종(鍾)소래는, 남은빗을 거더간다.

물에뜬 산봉(山峯)오리는, 돗는달을 맛더라.

○ 우이동(牛耳洞)
반공(半空)에 싸힌취색(翠色), 구름끗도 영롱(玲瓏)허다.
갈매기 안개밋테, 점(点)을치며 나라간다.
사면(四面)에 널닌단풍(丹楓)은, 가을화장(化粧) 조쿠나

○ 압구정(鴨鷗亭)
십리(十里)에 옥(玉)을 깐듯, 일색평(一色平)이 사장(沙場)이라.
물결은 따뜻허고, 봄기운(氣運)은 부드럽다.
중류(中流)에 떠오는배는, 문(門)이석양(夕陽) 이러라.


## 제9(第九) 연하(宴賀)

○ 안의사혼인(安醫師婚姻)
주남곡(周南曲) 풍악(風樂)속에, 복사꼿이 요요(夭夭)허다.
합환(合歡)이 새로우니, 비단가튼 방약(芳約)이라.
천지정(天地情) 갸륵허구나, 백년하례(百年賀禮) 허

노라.

o 정소호환갑(鄭小湖還甲)
청학(靑鶴)이 나라드니, 빗난뜰이 소춘(小春)이라.
넘치는 호흥(豪興)속에, 한천하(天下)가 어질구나.
잔(盞)들고 옛얘기헐제, 남극성(南極星)이 드린다.

o 이두계생일(李斗溪生日)
화탑(華榻)에 놉흔아정(雅情), 만상(萬象)이다 아름답다.
회포(懷抱)도 수(繡)를노하, 재명덕(才名德)이 가추어라.
중추절(中秋節) 때가응(應)하야, 더욱화락(和樂) 허구나

o 하졸업생(賀卒業生)
형창(螢窓)에 옥(玉)을가니, 촌(寸)그늘이 공(功)이로다.
금방(金榜)이 비친날에, 보(寶)배 그릇되엿구나.
기리여 홍운(紅雲)아레서, 여산(余山)노래 허노라.

o 간밤에 한강(漢江)머리 춘수(春水)부러 양양(洋洋)허다.
억매든 대맹선(大猛船)아, 한터럭이 가볍거니.
인제는 중류(中流)에떠라, 활활저어 간다니.

○ 이약산자혼(李藥山子婚)
　육체(六體)야 백량어(百兩御)야, 도라오고 마지헌다.
　구름이 밧드러라, 금(金)과돌이 화(和)허구나.
　대견헌 정상(定祥)이라다, 옥수만화(玉樹萬華) 허여라.

○ 노애산소연(盧愛山小宴)
　엿세를 구치(驅馳)라가, 하루한가(閑暇) 신선(神仙)이라.
　잔(盞)들고 바둑타니, 명월(明月)조차 던저온다.
　이흥(興)을 누가방(妨)허랴, 내일(來日)몰나 허노라.

○ 찬란(燦爛)한 등(燈)경꼿은, 시(詩)를화장(化粧) 시키나라.
　호탕(浩蕩)헌 우슴소랜, 잔(盞)을드러 뒤집는다.
　만사(萬事)가 붕우락(朋友樂)허곤, 가튼것이 업구나.

○ 동(冬)짓날 대취(大醉)로다, 눈바닥에 턱누어라.
　시흥(詩興)이 상천(上天)헌듯, 억만년(億萬年)에 또 업구나.
　전령(傳令)아 고려문장(高麗文章)에, 이상국(李相國)을 불너라.

## 제10(第十) 증답(贈答)

○ 기진해우(奇鎭海友)
진해(鎭海)에 오랜이별(離別), 어신(魚信)차저 한장(張)가네.
그대는 무양(無恙)허리, 내문안(問安)은 쉬여두게.
한강두(漢江頭) 모래사장(沙場)에, 배킨구선(龜船) 이로세.

○ 기대구우(奇大邱友)
꼿낭게 새소리야, 비가냉긴 하눌이라.
홀로서 잔(盞)을들고, 그대멀니 거려헌다.
옥인동(玉仁洞) 이월청명(二月淸明)에, 풀이청청(靑靑) 허고나.

○ 시우(示友)
석삼년(三年) 이서울에, 꼿을낭게 또보나다.
나날이 분주(奔走)헌일, 죽백(竹帛)치레 내아니라.
백결씨(百結氏) 노는절구에, 몬지만하 헐새라.

신라(新羅)에 백결선생(百結先生)이 빈한(貧寒)하되 유락(猶樂)하야 방아타령을 지엇다.

○ 풍진(風塵)에 휘둘니니, 계교(計較)굴너 성기고나.
　세월(歲月)이 올마가니, 본의(本意)조차 어긔여라.
　고향(故鄕)만 갈생각(生覺)허니, 촌(寸)그늘이 중(重)
　허다.

○ 기서간도우(奇西間島友)
　만리(萬里)에 여름구름, 천산봉(千山峯)이 막혀잇다.
　가추어 잇는마음, 아득허고 더깁흐다.
　다저녁 지내라야(夜)밤, 촉(燭)불빗이 갈닌다.

○ 증우륙봉(贈禹六峰)
　백발에 호기(豪氣)로다, 유락(流落)서설 우륙봉(禹六
　峰)아.
　가고온 금일이라, 여차여차(如此如此) 전(前)닐이라.
　인간(人間)에 일너주거던, 참아바다 드르랴.

○ 시우(示友)
　가시밧 생지옥(生地獄)을, 너구나구 헤처왓다.
　등잔(燈盞)에 마주안저, 상(傷)헌자죽 보지마라.
　서리야 터럭모발(毛髮)에, 내소슬가 허노라.

○ 증대학졸업생(贈大學卒業生)
　황천(皇天)이 분명(分明)허다, 네인사(人事)를 네아

느냐.
예절(禮節)이 중(重)헐적엔, 죽엄알기 경(輕)허나니.
의리(義理)가 놉흘적에는, 목숨보기 나지리.

o 장부(丈夫)의 복장(腹腸)에란, 창해(蒼海)바달 생켜너라.
남아(男兒)의 호기(豪氣)여란, 무지개로 토(吐)해내라.
인생(人生)은 잇다한(限)이온, 명(名)은무궁(無窮)허니라.

> 해설

# 자산 안확의 삶과 시조에 대하여
― 안자산 시조의 의미 ―

김신중

전남대 교수

### 해박한 국학자로서의 자산 안확

우리는 흔히 자산(自山) 안확(安廓)을 이야기할 때 '국학자'라는 칭호를 사용한다. 그것은 자산의 학문 세계가 광범위한 국학의 어느 한 분야에 국한되지 않고 다방면을 두루 섭렵하였기 때문이다. 실제로 그가 남긴 저술의 제목만을 보더라도 『조선문법(朝鮮文法)』(1917)·『조선무사영웅전(朝鮮武士英雄傳)』(1919)·『자각론(自覺論)』(1920)·『조선문학사(朝鮮文學史)』(1922)·『조선문명사(朝鮮文明史)』(1923)·『시조시학(時調詩學)』(1940) 등으로, 국어학

・국문학・국사학・국악학 등 국학의 거의 모든 분야를 망라하고 있어, 그가 매우 의욕적인 저술활동을 펼친 당대의 해박한 지식인이었음을 알 수 있다.

자산은 또한 이런 국학자로서의 학문활동 외에도 시조의 창작을 통해 시인으로서의 면모를 아울러 보여주고 있는데, 그가 남긴 시조 작품만도 240수에 이른다. 그렇지만 이렇듯 왕성한 활동을 펼쳤음에도 불구하고, 자산 안확이란 이름이 지금 우리에게 그다지 익숙한 느낌으로 기억되지 않는 것도 사실이다. 그것은 곧 그가 남긴 업적이 당시의 활동에 비해 제대로 평가받거나 조명되지 못했다는 한 증좌이기도 하다. 그러던 중 다행히도 자산의 학문에 대해 관심을 가진 몇몇 연구자들에 의해 『자산안확국학논저집(自山安廓國學論著集)』이 간행되었는바(여강출판사, 1994), 이를 계기로 앞으로 자산에 대한 연구가 보다 심도 있게 이루어질 것으로 기대된다.

이와 같은 상황 인식을 바탕으로 이 글에서는 시조 문학과 관련하여 그 이론가 내지는 작가로서 활동하였던 자산의 면모를 개괄적으로나마 살펴보기로 한다. 이를 위해 그의 삶과 학문활동의 간략한 여정을 살피는 것으로 이야기를 시작한다.

## 개화와 국권상실기를 살아가며

자산 안확은 우리나라에서 외세가 각축을 벌이고 개화의 물결이 몰아치던 19세기 말인 1886년(고종 23) 서울 우대 마을의 안씨 집안에서 태어났다. 자산은 그의 호이며, 이 밖에도 필명으로 운문생(雲門生) 또는 팔대수(八大叟)란 이름을 사용하기도 하였다. (이하 자산의 생애에 대해서는 『자산안확국학논저집』 제6권 소재 이태진(李泰鎭)의 「안확(安廓)의 생애(生涯)와 국학세계(國學世界)」를 주로 참고하여 요약 정리하였다.)

어린 시절을 보내던 중 10살이 되는 해인 1895년에는 서울의 수하동소학교에 입학 공부하였고, 소학교를 마친 다음에는 1910년 한일합방이 되기까지 서북 지방에서 교육활동에 참여하였다고 한다. 자산은 특히 이 시기에 유길준의 『서유견문(西遊見聞)』과 양계초의 『음빙실문집(飮氷室文集)』을 접하여 많은 감화를 받았는데, 이를 통해 개화와 자유민주주의 사상을 받아들이는 한편 역사학과 정치학에 깊은 관심을 가지게 된다.

한일합방이 되자 자산은 마산으로 내려가 창신학교의 교사가 되어 학생들에게 애국심을 고취시키며 지사로서의 길을 걷게 되는데, 이때 그의 나이 25세였다. 그리고 얼마 후 일본으로 유학하였고, 일본대학 정치학과에 적을 두고 1914년부터 1916년까지 전일본유학생우회의 기관지인 『학지광(學之光)』이라는 잡지를 통해 우리의 언어와 문학 및 미술 등에 대한 글을 발표하며 문필활동을 벌여 나갔다. 그러다가 1916년에 다시 마산의 창신학교로 돌아왔으며, 이때부터 조선국권회복단의 마산지부장을 맡아 1919년의 3·1운동이 있기까지 이 단체의 독립운동을 주도하였다. 저술활동도 꾸준히 전개하여 앞에 든 그의 일련의 저서 중 첫 번째인 『조선문법』을 1917년 회동서관에서 간행하였다.

3·1운동을 겪고 나서 서울로 올라온 자산은 1921년 3월부터 5월까지 잠시 조선청년연합회의 기관지인 『아성(我聲)』의 편집을 맡다가 중국 여행길에 올랐으며, 1922년 3월부터 11월까지 다시 『신천지(新天地)』의 편집인으로 활동한 바 있다. 우리나라 최초의 문학사인 『조선문학사』를 한일서점에서 간행한 것도 1922년의 일이다. 이후 그는 공식적인 사회활동을 거의 중단한 채 국학 연구에 몰두하게 되는데, 특히 1926년부터 약 6년간 이왕직(李王職) 아악부(雅樂部)의 촉탁으로 들어가 우리 음악 특히 아악의 본격적인 조사 연구에 매진하였다.

그런데 이 무렵 우리 음악에 대한 자산의 관심은 곧 지난 시절 음악과 불가분의 관계에 있었던 시가(詩歌)에 대한 관심으로 이어지게 된다. 즉 그는 1927년 5월 『현대평론(現代評論)』에 「여조시대(麗朝時代)의 가요(歌謠)」라는 글을 게재한 것을 필두로 「시조작법(時調作法)」 등 여러 편의 시가 관련 글들을 차례로 발표하였는데, 우리 시가 중에서도 특히 시조 문학에 애착을 가지고 훗날 시조와 고구려 문학을 조선문학사에서 가장 유가치하게 착미(着味)하였다고 술회한 바 있다.

 1930년대에 들어 일제의 군국주의가 더욱 기승을 부리자 자산은 1933년부터 아예 잡지나 신문 등의 매체를 통한 저술활동을 중단하고 유랑의 길을 떠나게 된다. 이때 그가 걸은 행적은 자세하지 않다. 다만 그가 남긴 시조 작품을 통해 볼 때, 국내는 물론 중국·미국·일본 등지를 떠돌며 자신의 의지를 가다듬었을 것으로 추정된다.

 이런 한동안의 유랑 생활을 거쳐 자산은 1938년부터 다시 지면을 통한 문필활동을 재개하였으며, 1940년에는 조광사에서 시조 전문 이론서인 『시조시학(時調詩學)』을 간행하였다. (『시조시학』은 그 후 1949년 교문사에서 다시 발행된 바 있다.) 그리고 현재 1940년 이후에 발표된 자산의 글은 찾아볼 수 없다. 이런 점에서 자산의 학문활동은 1940년을 끝으로 종료되었다고 할 수 있다. 8·15 해방 이후 자산은 정치활동에도 관심을 가졌던 듯하나 실행에 옮기지는 못하였고, 1946년 61세의 나이로 세상을 떠났다.

## 『시조시학』으로 마무리한 시조 연구

시조에 대한 자산의 관심은 앞에서 잠시 언급한 바와 같이 그가 아악 연구에 몰두하면서부터 본격적으로 표명되기 시작한다. 특히 그러한 관심의 표명은 애초 창작보다는 이론적 측면에서 먼저 이루어지는데, 이는 시조에 대한 그의 접근이 자연스러운 것이라기보다는 민족주의적 태도에서 비롯된 의식적인 것이었다는 느낌을 갖게 하는 부분이기도 하다. 1927년 8월『현대평론』제7호에 게재된「시조작법」은 그가 처음으로 시조만을 독립시켜 본격적으로 다룬 글이라 하겠으며, 계속하여 그는 다음의 여러 글을 통해 시조에 대한 자신의 생각을 피력하고 있다.

o 「시조(時調)의 연원(淵源)」
 (『동아일보(東亞日報)』1930. 9. 24~9. 30)
o 「시조(時調)의 연구(研究)」
 (『조선(朝鮮)』164~166호, 1931. 6~8)
o 「시조(時調)의 작법(作法)」
 (『조선(朝鮮)』168호, 1931. 10)
o 「시조(時調)의 체격(體格)·풍격(風格)」
 (『조선일보(朝鮮日報)』1931. 4. 11~18)
o 「시조(時調)의 선율(旋律)과 어투(語套)」
 (『조선일보(朝鮮日報)』1931. 5. 8~10)

○「시조(時調)의 사자(詞姿)」

　(『조선일보(朝鮮日報)』 1931. 5. 21～29)

○「모범(模範)의 고시조(古時調)」

　(『조선(朝鮮)』 173호, 1932. 3)

○「시조시학(時調詩學)」

　(『조선일보(朝鮮日報)』 1939. 10. 5～12)

○「시조(時調)의 세계적(世界的) 가치(價値)」

　(『동아일보(東亞日報)』 1940. 1. 25～2. 3)

○「시조시(時調詩)와 서양시(西洋詩)」

　(『문장(文章)』 2권 1호, 1940. 1)

－위의 목록은 이태진의 「안확의 생애와 국학세계」에 의함

　이러한 글들을 통해 안확은 자신의 시조에 대한 생각을 하나하나 정리하였으며, 그 결과로 1940년에는 『시조시학』이라는 시조 전문 이론서를 펴낼 수 있었던 것이다. 돌이켜 보면 자산의 시조론은 지금에 와선 묵은 것이 되고 말았지만 당시로서는 매우 선구적인 업적이었으며, 당시의 열악한 환경 속에서 전례가 없던 시조 전문 이론서를 펴냈다는 사실 하나만으로도 그 문학사적 의의는 크다고 할 수 있다.

　그러면 여기서 『시조시학』을 통해 자산의 시조론 중 특히 눈길을 끄는 몇 가지를 살펴보기로 한다.

먼저 자산은 문학적 측면에서 시조의 이름을 '시조시'
라 부를 것을 제안하였다.

> 시조시(時調詩)라 이름한 것은 재래(在來) 명사(名詞)인
> 시조(時調) 이자(二字)에 시(詩) 일자(一字)를 가(加)한 것
> 이라. 본래(本來) 시조(時調)라 한 것은 시조(時調) 문구(文
> 句)와 기(其) 문구(文句)에 짝한 곡조(曲調)를 합칭(合稱)한
> 명사(名詞)이다. 고로 시조(時調)라 하면 문구(文句)인지
> 곡조(曲調)인지 분간(分揀)할 수 없으매 지금(只今) 그 문
> 구(文句)를 논(論)함에 있어는 그의 혼동(混同)을 피(避)하
> 고 또 다른 시체(詩體)와도 분별(分別)키 위(爲)하여 시(詩)
> 일자(一字)를 첨가(添加)한 것이다. (띄어쓰기와 구두점은
> 필자, 이하 인용문도 마찬가지임)

현재 시조시란 명칭은 일반화되어 쓰이고 있지는 않
다. 그렇지만 자산은 시조창의 의미까지도 함께 지니고
있는 시조라는 명칭의 문제점을 일찍부터 파악하고 있었
으며, 이를 극복하기 위해 시조시라는 명칭을 생각한 것
이다. 근자에 학계 일각에서 시조를 '가곡창사'라 부르고
있는 것과도 입장을 같이하는 주장이다.

다음으로 시조의 유래에 대하여 고려 중엽에 발생한
것으로 보았으며, 그 원조는 고증키 불능하나 이방원의
「하여가(何如歌)」와 정몽주의 「단심가(丹心歌)」가 가장

현조품(顯祖品)에 해당된다고 하였다. 그리고 정도전·조준·변계량·원천석·이색·길재 등이 그 뒤를 따랐다는 것이다. 시기적으로 이들보다 앞선 우탁이나 이조년 등의 존재를 놓치고 있기는 하나, 고려 중엽에 시조가 옛부터 내려온 단가체를 대신하여 새롭게 등장하였다는 지적은 매우 적절한 것이라 할 수 있다.

또한 자산은 시조의 형식 요건으로 음수율을 중요시하여, 각 장 15자씩 도합 45자의 대단위가 각 장의 내외구에서 7·8, 7·8, 8·7의 음수율을 이루는 것으로 정형을 삼았다. 따라서 이러한 정형을 지키기 위해서는 작시 과정에서 연음(延音)·가음(加音)·약음(略音) 등의 방법을 사용해야 한다고 하여 그 구체적 사례까지 예시하고 있다. 운율의 미감을 살리기 위해서는 두운이나 요운, 말운 등을 적절히 사용할 것도 아울러 권하였다.

마지막으로 시어의 사용에 있어서는 매우 의고적인 자세를 견지하고 있음을 보게 된다.

고로 시인(詩人)은 시어(詩語)를 공부(工夫)할 것인 바, 화어(華語) 요어(要語) 등(等)을 강심(講尋)도 하려니와 외국어(外國語)·폐어(廢語)·신어(新語)·술어(術語)·와어(訛語)·이어(俚語) 등(等)은 필요(必要) 없는 한(限) 결(決)코 쓰지 안는다. 또 본어(本語)만 쓰고 자래(自來) 관용(慣用)하든 한문(漢文) 숙어(熟語) 같은 것을 배척(排斥)하는 것은 불가능(不可能)의 일이니 이는 비타(非他)라, 본어(本語) 수(數)가 소수(小數)인고로 능시(能詩)를 지을 수 없는 때문이다.

당시 선구적 입장의 문인들이 한문이나 한자 어투를 버리고 우리말(本語) 위주의 문학활동을 펼친 데 대한 불만으로 이해할 수 있는 대목이다. 여기서 자산은 우리말 위주의 문학활동이 불가능한 이유로 그 어휘 수가 적기 때문이라고 밝히고 있지만, 사실 그러한 주장의 이면에는 한문이나 한자 사용에 익숙해 있던 당시 세대의 언어관이 뿌리 깊게 자리 잡고 있었음을 부인할 수 없다. 그가 다른 글에서 "그러나 조선문학(朝鮮文學)이라고 한어(漢語)로 된 것은 폐지(廢止)하고 고어(古語)나 속어(俗語)만 쓰는 일은 불가(不可)하다. 근일(近日) 시조(時調) 짓는 자(者)의 폐해(弊害)는 일수(一手) 차풍(此風)에 경(傾)함이 있으니 진정(眞正)한 시인(詩人) 문학자(文學者)는 그런 괴기(怪奇)한 짓을 취(取)치 않는 것이 대체(大體)이니, 아무쪼록 화어(華語)를 선택(選擇)함이 가(可)하다(「시조의 작법」, 1931)"고 한 것 역시 같은 맥락의 언급이다.

그런데 이렇듯 형식과 시어 면에서 견지한 그의 완고한 자세는 시조 작품의 창작에도 그대로 이어졌음을 볼 수 있다. 즉 그는 사설시조에는 별다른 관심을 보이지 않았으며, 자신이 제시한 엄격한 음수율에 기댄 의고풍의 언어 구사를 위주로 한 작품을 주로 남기고 있다.

### 완고한 형식주의자의 모습으로

현재까지 확인된 자산의 시조는 모두 240수이다. 그 중 160수는 자신의 저서 『시조시학』 말미에 「자산시선(自山詩選)」이라 하여 첨부되어 있고, 나머지 80수는 1930년 12월부터 1931년 8월까지 『신생(新生)』・『동아일보(東亞日報)』・『조선일보(朝鮮日報)』를 통해 발표된 것으로 이 책에 실린 80수가 바로 그것이다.

자산은 『시조시학』에 자신의 시조 작품을 수록하며, 그것을 직접 내용별로 분류하여 보여주고 있다. 따라서 그 분류 목록을 참고하면 자산 시조의 내용상 윤곽을 어느 정도는 짐작할 수 있다. 즉 감상(感想)(17수)・남고(覽古)(18수)・고가인(古歌引)(28수)・풍물(風物)(20수)・방언(放言)(7수)・객려(客旅)(15수)・술회(述懷)(20수)・풍경(風景)(17수)・연하(宴賀)(9수)・증답(贈答)(9수)이 그것인데, 그가 각지를 여행하며 보고 느낀 감상, 옛 고적과 역사 인물 탐방, 고시가의 의취 재현, 시국과 시절에 대한 감회, 주변 인물과의 교유 등이 주요한 내용이다.

『시조시학』에 실리지 않은 나머지 80수의 내용 역시

이와 유사한데, 이어서 이 80수 중의 몇 작품을 읽어보기로 한다.

덧업시 가는생각 진(陣)느듯이 몰더라
무릅안고 안잣스니 등잔압히 만리(萬里)로다
창(窓)밧게 이는바람 눈보라 치노매라

1930년 12월 『신생』 26호에 발표한 「설야사(雪夜思)」이다. 자산이 지면을 통해 발표한 첫 작품인데, 눈 오는 겨울 밤 등잔 앞에 앉아 생각에 잠겨 있는 시상이 신라 최치원의 한시 「추야우중(秋夜雨中)」의 정서와 흡사하다.

자산은 1927년에 발표한 「시조작법」에서 작시의 3대 주의 사항으로 시의 수사보다는 의미를 중시할 것, 시대상을 반영할 것, 타인의 작품을 표절하지 말 것을 들면서 그러한 작품을 쓰기 위해서는 부단히 고인의 작품을 숙독하고 습작하여 그 신운(神韻)을 자득하여야 한다고 말한 바 있거니와, 바로 그러한 자득의 묘를 보여주는 작품이다.

그런데 이 「설야사」는 자산의 시조 중 유일하게 종장 내구의 음수율이 자신이 제시한 자수 기준에 미치지 못하는 작품이다. 이 점을 의식하여서인지 자산은 다시 이를 1931년에 내놓은 「시조의 작법」에 인용하면서 다음과 같이 개작하여 그 형식을 온전히 갖추고 있다.

창(窓)밧게 니는소래 눈보라 치노매라
무릅안고 안젓스니 등잔(燈盞)압히 만리(萬里)로다
덧업시 가는생각(生覺)이 진(陣)느드시 하더라

 이렇듯 형식을 중시하는 자산의 태도는 『시조시학』의 「자산시선」에서 더욱 굳어지고 있으니, 여기에서는 아예 각 장 내외구 7·8, 7·8, 8·7의 음수율에서 벗어난 작품을 하나도 찾아볼 수 없다. 이『시조시학』의 160수 중에는 이미 신문이나 잡지를 통해 발표된 시조도 일부 포함되어 있으나, 모두 처음 발표될 당시의 모습이 아닌 다소간의 수정을 거친 것이어서 동일 작이라고 하기 어렵다.
 그 중의 한 예로 「한거잡영(閑居雜詠)」 중의 '한산도(閑山島)'를 보기로 하자. '한산도'를 「시조시학」에서는 「수루(戍樓)」라는 이름으로 수록하고 있는데, 역시 「수루」의 중장 외구에서 그 음수율을 조절하였음을 볼 수 있다.

이충무(李忠武) 간연후에 한산도(閑山島)가 호젓하다
거북선(船) 다시짓고 천아성(天鵝聲) 모도불자
초목(草木)도 역시(亦是)알리라 어용(魚龍)조차 동(動)하리
　　　　　　　　　　　　　　　　－「한산도(閑山島)」

장군이 간연후야 강산하도 호젓혀이

그배를 다시짓자 천아성(天鵝聲)아 모도부리
초목(草木)도 역시(亦是)알니라 어용(魚龍)조차 동(動)하리
―「수루(戍樓)」

한편 자산이 작시의 3대 주의 사항 중 하나로 시대상을 반영할 것을 들었음은 위에서 언급한 바 있다. 이 작품 역시 그러한 시대상이 반영된 것으로, 일제하라는 상황에서 충무공 이순신의 옛 활약을 떠올리며 민족의 재기를 염원한 것이다. 이렇듯 시대상이 반영된 작품의 예를 두 수만 더 들어본다.

천하대장(天下大將) 지하대장(地下大將) 이보오 장승님아
두장군(將軍)이 마조서서 무스일 하느슨다
오백년(五百年) 폐(廢)한무도(武道)를 개도(開導)코저 하노라
―「속가행(俗謌行)」 중의 「장승곡(曲)」

관사(官吏)가 되자하면 사대주의(事大主義) 학습(學習)이니
우로는 선우슴과 알에로는 곤두기침
이짓은 광대로고나 내사웃어 못하려
―「우야우성(雨夜偶成)」 중의 제4수

길가에 서 있는 장승을 보며 문약하여 나라를 빼앗겼던 지난 역사를 돌이키고, 또한 식민지 정권에 아부하며 자리에 연연하는 관리들의 웃지 못할 행태를 조롱한 작품이다. 이런 현실이었기에 자산은 스스로 자신의 무력한 처지를 이렇게 읊조리기도 하였다.

> 장부(丈夫)의 하올일은 말타기와 검술(劍術)이라
> 이평생(平生) 먹은뜻이 서생(書生)으로 그릇햇다
> 어긔야 분(憤)한세상(世上)에 어이짜 하노라
> ─「한거감회閑居感懷」중의 제1수

또한 자산의 시조 중 「잡영일속(雜詠一束)·1」의 '속담가(俗談謌)'와 「속가행(俗謌行)」 및 「영물(詠物)」은 속담이나 풍속, 동물 등을 소재로 하였다는 점에서 비교적 재미있게 읽혀지는 이채로운 작품들이다. 그 중의 하나 돼지를 소재로 한 「영물」 중의 '도야지'이다.

> 긴주둥이 강(剛)한털에 무근공(無筋公) 네로고나
> 계견(鷄犬)과 정장(呈狀)하니 주인(主人)보탤 공(功)업서라
> 낙송자(落訟者) 허릴업짜녀 물쓰려랴 꿀꿀이

긴 주둥이에 강한 털을 가졌으나 근육질과는 거리가 먼 돼지. 이 돼지가 닭과 개와 함께 누가 더 주인에게 끼

친 공이 많은가 소송을 걸었다. 그렇지만 하릴없게도 지고 말았으니, 소송에서 진 낙송자를 맞아 물을 끊이라는 것이다. 돼지를 잡는 명분이 그럴싸하다.

자산은 시조뿐 아니라 국악에도 많은 관심을 기울인 국학자였다. 그래서 자산의 시조에는 그 가창적 측면을 고려한 표지가 더러 등장한다. 작품의 종장 마지막 음보를 생략한다거나, 작품 제목에 '평삼(平三)'·'계삼(界三)'·'반엽(半葉)'·'소용(騷聳)'·'농(弄)' 등의 곡조명을 병기한 것이 그것이다. 이 곡조명 중의 '농'은 가곡창이나 시조창의 변격에 해당하는 것으로, 현재 사설시조라고 불리우는 것이 여기에 속한다.

그런데 자산은 엄격한 자수율에 입각한 정형으로서 평시조의 세계를 추구하였기에 사설시조에 대해서는 별다른 언급을 하지 않았다. 따라서 그의 작품 세계 또한 평시조 위주인데, 사설시조로는 유일하게 '농'이라는 곡조명이 병기된 다음의 「주도락(酒道樂)」 1수가 남아 있다. 무한정 술을 따른다는 점에서 송강 정철의 「장진주사」를 연상시키는 면이 있는 이 「주도락」을 보며, 이제 여기서 이 글을 마무리하기로 한다.

    술이란 먹는법(法)이 짜라서 먹느니라
    잔(盞)으로도 쌀커니와 째로도 쌀르니라
    조흔째도 짜라한잔(盞) 실흔째도 짜라한잔(盞)

주숑(酒頌)으로 싸라한잔(盞) 주금(酒禁)으로 싸라한잔(盞)
싸러라 잔(盞)이째냐 째가잔(盞)이냐
동자(童子)야 종배종(終盃終)도 째로고나
종배(終盃)싸라 쏘싸러라 하노라

# 안자산 연보

1886년　서울 출생. 호는 자산(自山).
1895년　서울 수하동 소학교에 입학하여 신학문을 교육받음.
1900년　서북지방의 교육활동에 참여.
1910년　국권 피탈 이후에는 마산에 내려가서 오스트레일리아의 선교사들이 세운 창신학교의 교사로 있으면서 학생들에게 독립정신을 고취시킴.
1914년　신학문을 더욱 본격적으로 공부하기 위해 일본에 유학, 니혼대학에서 정치학을 수학.
1914~1916년　<전일본유학생학우회>의 기관지인 『학지광(學之光)』을 통해 우리의 언어와 문학 및 미술 등에 대한 글을 발표하며 문필활동을 벌여 나갔다.
1916년　마산의 창신학교로 돌아와 1915년에 결성한 독립 단체인 <조선국권회복단>의 마산지부장을 맡아 1919년 3·1운동이 있기까지 이 단체의 독립 운동을 주도하였다.
1917년　『조선문법』(회동서관)을 펴냄.
1919년　『조선무사영웅전』을 펴냄.
1920년　당시 일제의 문화통치에 말려드는 지식인들의 현실을 비판하고 새로운 지식인의 지향을 제시하는 『자각론』을 펴냄.
1921년　3~5월 조선청년연합회의 기관지 『아성(我聲)』의 편집

|       | 을 맡음. |
|-------|---------|
| 1922년 | 3~11월 『신천지(新天地)』의 편집인으로 활동함. 우리나라 최초의 문학사인 『조선문학사』(한일서점)를 펴냄. |
| 1923년 | 『조선문명사-조선정치사』를 펴냄. |
| 1926년 | 6년간 이왕직 아악부의 촉탁으로 들어가 우리 음악, 특히 아악의 본격적인 조사 연구에 매진함. |
| 1927년 | 5월 『현대평론』에 「여조시대의 가요」라는 글을 게재한 것을 필두로 「시조작법」 등 여러 편의 시가 관련 글들을 발표. |
| 1930년대 | 들어 일본의 식민통치가 무단통치로 되면서 더 이상의 학문적 탐구가 어렵게 되자 국내를 벗어나 만주와 중국 대륙, 노령의 연해주 지역과 미주(하와이)를 유랑함. 7년 간의 유랑을 마치고 귀국하여 어학과 고구려문학, 시조, 향가, 미술사 등에 관한 글을 발표함. 「시조의 연원」 「시조의 연구」 「시조의 작법」 「시조의 체적·풍격」 「시조의 선율과 어투」 「시조의 사자」 「모범의 고시조」 「시조시학」 「시조의 세계적 가치」 「시조시와 서양시」 등. |
| 1940년 | 시조 전문 이론서인 『시조시학』(조광사)을 펴냄. |
| 1940년 | 이후에는 글 쓰는 일을 중단한 채 정인보 등 비타협적 민족주의자들과 교유하며 지냄. |
| 1946년 | 61세의 나이로 세상을 떠남. |